세단	스포츠카	최고급 수공 차	컨버터블	쿠페	택시	해치백

탱크로리	탑차	크레인

윙바디	일반 화물 자동차	자동차 운반차	지게차	캠핑카	캠핑 트레일러	컨테이너 화물 자동차

제설차	콤바인	트랙터	이앙기

배

상선

크루즈선	페리선	컨테이너선	자동차 운반선

특수 작업선

가스 운반선	쇄빙선	시추선	유조선	예인선

레저선

보트	요트	조정	카누	카약

어선

트롤선	해양 조사선	호위함

군함

구축함	상륙 수송함	잠수함	항공 모함

자기 부상 열차	전철	틸팅 열차	산악 열차

자동차 수송 열차	철판 코일 열차

뉴모빌리티연구소 글
인류 문명의 발달과 함께 발전해 온 이동 수단에 깊은 관심을 가진 사람들의 모임입니다.
하늘, 바다, 땅 등 분야별 이동 수단의 전문가들로 구성되었으며, 각자의 관심 분야에 대한 정보를
수집, 정리 및 연구하고 있습니다. 특히 최근에는 친환경적이고 경제적인 이동 수단, 미래에 널리 쓰일
차세대 이동 수단에 관심을 가지고 연구하고 있습니다. 이번에 펴내는 「모빌리티 대백과」에는
우리의 삶을 편리하게 해 준 이동 수단의 탄생부터 현재 널리 쓰이는 이동 수단과 우주로 향하는
미래형 이동 수단까지, 이동 수단의 과거와 현재, 미래를 모두 담았습니다.

이대영 교수 감수
포항공과대학교 기계공학과 졸업 후 서울대학교 기계항공공학부에서 석사 및 박사 학위를 취득하였습니다.
하버드대학교 응용과학대학 박사 후 연구원, 서울대학교 소프트로봇연구센터 선임 연구원으로 활동했으며,
현재는 KAIST 항공우주공학과 교수로 일하고 있습니다.

김필수 교수 감수
미국의 「세계 인명사전」(Who's Who in the World)에 2년 연속 등재되었습니다.
한국전기자동차협회 · 한국자동차튜닝산업협회 · 한국퍼스널모빌리티산업협회 회장 등 각종
자동차 관련 단체의 회장 및 대통령직속 위원회 · 국무총리실 · 환경부 · 산업통상자원부 · 국토교통부 ·
기획재정부 · 방위사업청 · 서울시 · 광주시 등 정부 및 지자체 정책 자문 위원으로 활동하고 있습니다. 그동안
자동차 관련 논문 150여 편, 칼럼 약 6,000여 편을 집필하였으며, 다수의 자동차 관련 특허를 보유하고 있습니다.
대표적인 저서로는 「바퀴 달린 것에 투자하라」, 「미래의 자동차 융합이 좌우한다」, 「친환경 운전 실천하기」,
「변해라 그래야 산다」, 「한국 자동차업계 이슈 진단」, 「자동차 시」 등 50여 권이 있습니다.
현재 대림대학교 미래자동차학부 교수로 일하고 있습니다.

김경환 교수 감수
HMM(전 현대상선) 일등 항해사(1급 항해사 면허)로 일했습니다.
현재 한국해양수산연수원 교수 및 한국해양대학교 항해융합학부 교수로 일하고 있습니다.

2025년 11월 15일 1판 5쇄 **펴냄**
2023년 09월 25일 1판 1쇄 **펴냄**

펴낸곳 (주)효리원
펴낸이 윤종근
글쓴이 뉴모빌리티연구소
감수 이대영 · 김필수 · 김경환
사진 제공 HD현대건설기계, HD현대인프라코어, 국립해양조사원, 기아, 디앤에이모터스,
롤스로이스 모터카, 벤틀리 모터스, 삼천리 자전거, 제네시스, 종로경찰서, 종로구청,
종로소방서, 한국지엠, 한국항공우주연구원, 현대자동차
등록 1990년 12월 20일 · **번호** 2-1108
우편 번호 03147
주소 서울시 종로구 삼일대로 457, 406호
전화 02)3675-5222 · **팩스** 02)765-5222

ⓒ 2023. (주)효리원

잘못 만들어진 책은 구입하신 서점에서 바꾸어 드립니다.
ISBN 978-89-281-0736-0 74400

이메일 hyoreewon@hyoreewon.com
홈페이지 www.hyoreewon.com

깜짝 놀랄 세상의 모든 이동 수단 총집합!

모빌리티 대백과

자동차 배 비행기 우주선 열차 AAM

뉴모빌리티연구소 글
이대영 (KAIST 항공우주공학과 교수)
김필수 (한국전기자동차협회 회장 · 대림대 미래자동차학부 교수)
김경환 (한국해양대 항해융합학부 교수) 감수

효리원
hyoreewon.com

감수자의 말

자동차, 배, 비행기, 열차와 같은 이동 수단이 없다면 우리의 삶은 어떠할까요? 아주 가까운 거리야 가볍게 걸어서 가겠지만, 먼 거리는 도착하는 데 시간도 많이 걸리고 몸도 무척 힘이 들 것입니다. 더욱이 무거운 물건이라도 가지고 이동한다면 더더욱 힘이 들겠지요. 응급환자라도 발생하면 더 큰일입니다. 이동 수단이 없어 환자를 빨리 병원으로 이송하지 못하면 환자를 살릴 골든아워를 놓쳐 생명이 위험할 수도 있으니까요. 이 외에도 이동 수단이 없다면 해외로 여행을 가거나 생산한 물건을 수출, 혹은 수입하기가 매우 힘이 들 것입니다. 이렇게 볼 때 이동 수단은 인간의 삶을 유지, 발전시키는 데 아주 중요한 위치를 차지하고 있는 것을 알 수 있습니다.

다양한 이동 수단의 발전은 인류 문명의 발전과 축을 같이하고 있습니다. 원시 인류가 뗏목을 만들어 강을 건너고, 둥근 바퀴를 만들어 좀 더 손쉽게 물건을 운반할 줄 알면서 인간의 무한한 창조력과 상상력은 오늘까지 발전에 발전을 거듭하고 있습니다.

이 책 『모빌리티 대백과』는 원시 시대 이후로 인류가 이룬 다양한 이동 수단을 한눈에 알 수 있는 매우 값진 책입니다. 하늘, 땅, 바다, 우주로 분야를 나눈 뒤 풍부한 사진 자료와 꼼꼼한 정보들을 통해 각각의 발전 흐름을 아주 잘 보여 주고 있습니다.

뗏목에서 말과 마차의 시대를 거쳐 자동차, 증기 기관차, 비행기, 우주선으로 발전한 이동 수단은 이제는 인공 지능을 탑재한 자동차까지 등장하여 도로에는 자율 주행 자동차가 달립니다. 여기서 더 나아가 세계는 SF영화에서나 봄직한 도로를 달리다 하늘을 나는 신개념 수송기 팝업 넥스트, 도심에서 활주로 없이 수직 이착륙하여 저고도 공중에서 이동하는 도심 항공 교통 시스템(UAM)은 물론, 도서·산간 지역 교통 접근성까지 개선한 선진 항공 교통(AAM), 탄소 배출 없이 빠르게 달리는 진공 튜브 열차 하이퍼루프 등의 개발에 박차를 가하고 있습니다.

이동 수단의 어제와 오늘, 그리고 내일이 담겨 있는 이 책을 통해 이동 수단을 제대로 알고, 미래를 이끌 차세대 이동 수단으로는 무엇이 좋을지 어린이 여러분의 상상력과 창의력을 마음껏 발현해 보길 바랍니다.

감수자 이대영·김필수·김경환

글쓴이의 말

인류가 최초로 만든 탈것은 무엇일까요? 바로 기원전 6000년경 원시 인류가 만든 뗏목입니다. 이때부터 사람들은 다른 지역으로 이동하거나 강을 건너기 위해 탈것, 즉 이동 수단을 사용하기 시작했어요.

탈것에서 가장 중요한 바퀴는 기원전 5000년경에 만든 원판형 나무 바퀴였어요. 동그란 모양의 바퀴 덕분에 사람들은 물건을 끌거나 다른 곳으로 이동할 때 매우 빠르게 가고, 많은 물건을 가지고 움직일 수 있게 되었어요.

오늘날 탈것은 자동차, 열차, 배, 비행기, 우주선 등으로 다양해졌어요. 심지어 지하철 역 근처에 가면 자전거, 전동 킥보드, 전동 휠을 빌려서 탈 수도 있어요.

몇 년이 지나면 더욱더 다양한 탈것이 생겨날 거예요. 낮은 고도에서 날아다니는 도심 항공 모빌리티, 무인 자율 주행 택시 등이 승객을 실어나를 거예요. 공상 과학 영화에서 보았던 하늘을 나는 택시, 활주로가 필요 없는 드론 택시를 상상해 보세요. 정말 멋지지 않나요?

『모빌리티 대백과』는 이렇게 탈것의 기원부터 미래의 탈것까지, 인간과 물건의 이동을 편리하고 쉽게 하는 모든 탈것에 대해 다루었어요. 몇 가지 특징을 알아보면 다음과 같아요.

첫째, 탈것마다 기본적인 사양을 나타냈어요. 따라서 속도와 무게, 크기와 같은 개별적인 기본 특징을 쉽게 알 수 있어요.

둘째, 탈것마다 이해를 돕는 생생한 사진을 실었어요. 시각적 효과가 뛰어난 680여 장의 사진들로 탈것의 과거와 현재, 미래를 한눈에 알 수 있어요.

셋째, 도심 항공 모빌리티(UAM)는 물론 더욱 확장된 개념인 선진 항공 교통(AAM)까지 미래의 운송 기술을 최신 자료와 함께 소개했어요. 따라서 앞으로 탈것이 어떻게 발전하게 될지 미리 알 수 있어요.

넷째, 어린이에게 어려운 낱말과 전문 용어는 ※표시를 하고 144쪽 용어 설명에 자세하게 설명해 두었어요.

어린이 여러분, 『모빌리티 대백과』로 탈것에 흥미를 느끼고 관심을 가져 보세요. 훗날 어린이 여러분 중 누군가 우주로 가는 탈것을 만들 수도 있으니까요! 미래는 꿈꾸는 사람의 것이라고 하잖아요.

차 례

모빌리티 역사 도표

자동차의 어제와 오늘 · 10
배의 어제와 오늘 · 12
비행기&우주선의 어제와 오늘 · 14
열차의 어제와 오늘 · 16

알아두면 쓸모 있는 신나는 잡학 정보

자동차 경고등 종류는? · 35
자동차의 미래는? · 59
자동차 브랜드는? · 80
스페이스X란? · 119
비행기의 구조와 원리 · 123

용어 설명 · 144
찾아보기 · 147

제1장
땅 위를 달리는 탈것 끝판왕
자동차 —————— 18

자동차의 역사 탐험	20
RV	22
견인차&자동차 운반차	24
경찰차	25
고소 작업차	26
구급차	27
굴착기	28
노면 청소차&살수차	29
덤프트럭	30
레미콘 차	31
레이싱 카	32
로더&지게차	34
리무진	36
모터사이클&스쿠터	38
밴	40
버스	42
산악&일반 자전거	44
세단	46
소방차	48
수소 연료 전지 자동차	50

스포츠카	52
쓰레기 수거차	54
윙바디&일반 화물 자동차	55
전기 자동차	56
제설차	58
최고급 수공 차	60
캠핑카&캠핑 트레일러	62
컨테이너 화물 자동차	63
컨버터블	64
쿠페	66
콤바인	68
크레인	69
탑차	70
태양광 자동차	71
택시	72
탱크로리	74
트랙터&이앙기	75
하이브리드 자동차	76
해치백	78

제2장
물 위를 오가는 대단한
배 82

배의 역사 탐험	84
가스 운반선	86
구축함	87
보트&요트	88
상륙 수송함	90
쇄빙선	91
시추선&반잠수식 시추선	92
유조선&예인선	94
자동차 운반선	95
잠수함	96
조정&카누	98
컨테이너선	100
크루즈선	102
페리선	104
트롤선	106
해양 조사선	107
항공 모함	108
호위함	110

제3장
하늘을 나는 놀라운
비행기&우주선 112

비행기의 역사 탐험	114
글라이더	116
드론	117
로켓	118
여객기	120
열기구&비행선	122
우주선	124
전투기	126
정찰기	128
헬리콥터	129

제4장
레일을 달리는 날쌘
열차 130

열차의 역사 탐험	132
경전철	134
전철	134
고속 열차	136
자기 부상 열차	136
노면 전차	138
모노레일	138
무개 화차&유개 화차	140
조차&컨테이너 열차	140
산악 열차&틸팅 열차	142
자동차 수송 열차& 철판 코일 열차	142

9

모빌리티 역사 도표 — 자동차의 어제와 오늘

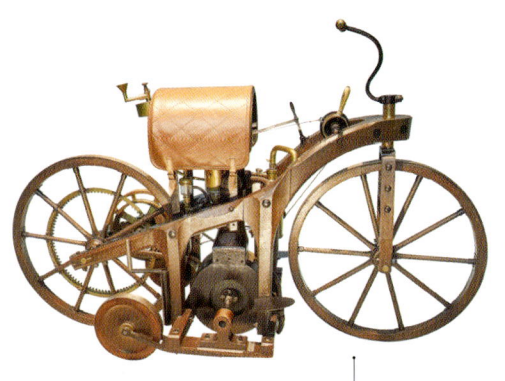

가솔린 기관을 완성한 다임러는 이것을 목제 이륜차에 탑재하여 세계 최초로 이륜차 시대를 열었어요.

포드가 자동차를 만드는 라인에 컨베이어 벨트 시스템을 도입하고, 모델-T를 생산했어요. 이후 1925년까지 하루에 9,109대씩을 생산하여 자동차의 대량 생산이라는 혁명을 가져왔어요.

독일의 드라이스 남작이 나무로 만든 최초의 자전거 드라이지네를 발명했어요. 발로 땅을 차서 움직였고 핸들로 방향 전환이 가능했어요.

보쉬가 최초로 자동차용 자석 점화 장치를 개발했어요.

프랑스에서 세계 최초로 자동차 경주 '그랑프리 레이스'가 열렸어요. 오늘날 포뮬러 1의 시작이에요.

누워서 타는 리컴번트 자전거는 1860년경 등장했으나 인기가 없었어요. 이후 프랑스의 샤를 모셰가 새롭게 개발하여 주목을 받았어요.

1817 | 1867 | 1885 | 1887 | 1888 | 1894 | 1897 | 1913 | 1923 | 1930 | 1938

던롭이 공기 주입식 타이어를 만들었고, 2년 후 던롭 공기 압축 타이어 주식회사를 세웠어요.

벤츠-MAN이 세계 최초의 디젤 트럭을 발표했어요.

오토와 랑엔이 파리 박람회에 열효율이 약 9%로 좋아진 내연 기관을 전시했어요.

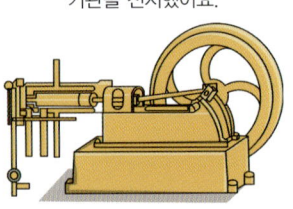

독일의 상용차 제조업체 MAN이 작동 가능한 디젤 기관을 발표했어요.

벤츠는 2행정 사이클 가솔린 기관을 완성하고 최초로 삼륜차를 만들었어요.

딱정벌레 모양으로 유명한 폭스바겐 비틀이 탄생했어요. 역대 누적 자동차 판매량은 2,400만 대예요. 역사상 가장 오래 생산한 자동차예요.

미국 슈퍼카 제조업체 SSC 노스아메리카에서 만든 하이퍼카 투아타라가 세계에서 제일 빠른 자동차에 올랐어요. (475km/h)

아시아에서 두번째로, 현대자동차에서 자체적으로 자동차 모델 '포니'를 생산했어요. 픽업, 왜건 등 종류도 다양했어요.

'픽업 트럭의 왕'으로 불리는 포드의 F시리즈가 발표됐어요.

GM이 세계 최초의 대량 생산 전기 자동차 EV1을 개발했어요.

혼다에서 세계 최초의 수소 연료 전지차 클래리티를 만들었어요.

반켈린이 회전 피스톤 기관(로터리 엔진)을 만들었어요. 적은 배기량으로 높은 출력을 내지만 연료 효율이 떨어져 대중적인 엔진으로 발전하지 못했어요.

허리 부분만을 조여 주는 2점식 안전벨트는 사고시 탑승자의 상체가 급격하게 앞으로 쏠려 2차 충격이 발생했어요. 볼보에서 이런 문제를 해결한 3점식 안전벨트를 개발했어요.

| 1948 | 1949 | 1954 | 1955 | 1959 | 1966 | 1976 | 1984 | 1996 | 2003 | 2008 | 2014 | 2021 |

미쉐린에서 광폭(폭이 넓은) 타이어 및 스틸-벨티드 래디얼 타이어(철사로 내부를 감은) 생산을 시작했어요.

토요타의 코롤라가 판매를 시작했어요. 지금까지 세계에서 가장 많이 팔린 자동차(5,000만 대)예요.

미국의 자동차 제조사 닷지에서 콘셉트 모터사이클인 닷지 토마호크를 디트로이트 모터쇼에서 선보였어요. 최고 속도를 시속 480~640킬로미터라고 밝혔지만 실제로 테스트를 받지는 않았어요.

미국 쉐보레에서 최초의 SUV인 4세대 서버번을 출시했어요.

벤츠와 보쉬가 에어백 및 안전벨트 장력 시스템을 만들었어요.

테슬라에서 자율 주행 레벨2 시스템을 개발했어요. 레벨2는 시스템이 운전자의 주행을 보조하는 것으로 법적인 책임이 사람에게 있어요.

모빌리티 역사 도표: 배의 어제와 오늘

북유럽에서 가장 뛰어난 배는 바이킹 배였어요. 배 밑에 선체를 받치는 길고 큰 나뭇조각을 붙여 배가 흔들리는 것을 막았어요.

고대 이집트에서는 배에 돛을 달아 바람의 힘을 이용해 배가 이동하도록 했어요.

포르투갈의 항해가 바스쿠 다가마는 1497년 포르투갈의 리스본을 떠나, 아프리카 남단의 희망봉을 돌아 인도의 코지코드에 도착하여 인도 항로를 개척하였어요.

1519년에 마젤란은 스페인을 출발하여 남아메리카를 순항하면서 마젤란 해협을 발견하고 태평양을 횡단하였어요. 필리핀에서 토인에게 목숨을 잃었으나, 그의 부하가 항해를 계속하여 1522년 세계 일주를 완성하였어요.

최초의 요트 경기는 1661년 영국의 찰스 2세가 그의 동생과 함께 37킬로미터의 코스를 100만 파운드를 걸고 펼친 경기예요.

러시아에서 세계 최초로 쇄빙선을 개발했어요.

증기 기관을 단 최초의 상업용 증기선이 프랑스에서 만들어졌어요.

| BC 3000 | BC 500 | 700 | 1492 | 1497 | 1500 | 1519 | 1592 | 1661 | 1775 | 1807 | 1864 |

이탈리아의 탐험가 콜럼버스는 신항로 개척을 위해 스페인에서 서쪽으로 항해를 시작했어요.

내부 공간이 더 넓어진 갤리언이라는 범선을 만들었어요.

데이비드 부쉬넬이 세계 최초의 군용 잠수함인 터틀을 발명했어요.

조선의 이순신 장군은 임진왜란 때 세계 최초의 철갑선인 거북선으로 왜적을 무찔렀어요.

고대 그리스 사람들은 돛대를 크게 발전시켰어요. 기원전 500년 무렵에는 노를 젓는 사람들을 3층으로 배치한 트라이림이 등장했어요.

자르 바이킹 : 459미터
KTX : 388미터

제1차 세계 대전 때 영국에서 최초의 항공 모함 HMS 퓨리어스를 만들었어요.

일본에서 세계 최대의 유조선인 자르 바이킹이 출항했어요. 지금까지 건조된 배 중 가장 길고 무거운 배로, 선미에서 선수까지 길이는 459미터, 배수량은 657,019톤이에요.

조정은 1900년 제2회 파리 올림픽 때부터 정식 종목으로 채택되었어요.

카누
카약

세계에서 제일 큰 요트는 2013년 4월에 선보인 180미터의 아잠 요트예요. 요트 승무원은 500명이고 36명의 손님 좌석을 갖추고 있어요.

스웨덴의 루드비그 노벨이 최초로 유조선을 개발했어요.

제11회 베를린 올림픽 때부터 카누와 카약이 올림픽 정식 종목으로 채택되었어요.

대한민국은 처음으로 호위함(울산급)을 만들었어요.

| 1877 | 1900 | 1912 | 1917 | 1936 | 1938 | 1960 | 1979 | 1981 | 2013 | 2017 | 2022 |

제2차 세계 대전 당시의 독일 유보트 잠수함. 엄청난 양의 연합군 함선들을 격침시켰어요.

대한민국의 삼성중공업이 로열더치쉘의 세계 최대 부유식 액화 천연 가스 설비인 프렐류드 FLNG를 거제조선소에서 출항했어요.

당시 세계 최대의 여객선이었던 영국의 타이타닉호는 2,202명의 승객을 태우고 영국의 사우스햄프턴을 출항하여 첫 항해를 시작, 프랑스의 쉘부르와 아일랜드의 퀸스타운을 거쳐 미국의 뉴욕으로 향하던 중 커다란 빙산과 충돌, 침몰하였어요.

물 위를 2~3미터 떠서 날아가는 배로 자동차나 비행기만큼 빠른 위그선이 개발되었어요

길이 362미터, 객실 수 2,867개, 탑승 인원 9,288명에 달하는 세계 최대의 크루즈선 '원더오브더 시즈호'가 항해를 시작했어요.

모빌리티 역사 도표: 비행기 & 우주선의 어제와 오늘

역사상 최초로 프랑스의 몽골피에 형제가 열기구를 만들어 타고 비행을 했어요.

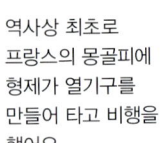

프랑스의 아델은 증기 기관으로 작동하는 비행 기계인 에올을 만들고 특허를 냈어요.

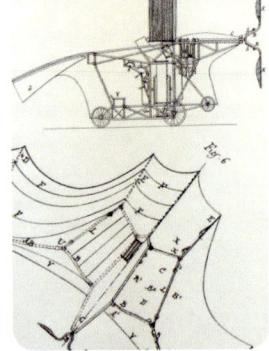

독일에서 개발한 포커 아인데커는 세계 제1차 대전에서 활약한 단엽 전투기예요. 공중전을 목적으로 탄생한 최초의 전투기예요.

세계 최초로 독일의 체펠린이 바람을 거슬러 이동하는 상업 비행선을 발명했어요.

독일의 초거대 비행선 힌덴부르크호가 착륙 직전 화재로 추락했어요. 헬륨가스 대신 수소를 사용한 것이 원인이었어요.

독일의 루프트한자 항공사에서 최초로 비행기 객실 승무원을 채용하여 탑승시켰는데, 남성이었어요.

| 1783 | 1852 | 1890 | 1894 | 1900 | 1903 | 1915 | 1927 | 1928 | 1933 | 1937 | 1939 |

독일의 릴리엔탈은 글라이더를 활용한 무동력 비행에 성공했어요.

린드버그가 대서양 횡단 비행에 성공했어요. 이후 사람들의 비행에 대한 열기는 더욱 불타올랐어요.

독일에서 하인켈 He 178을 이용해서 제트 엔진에 의한 최초 비행에 성공했어요.

프랑스의 지파르가 증기 기관으로 작동하는 비행선을 개발하여 타고 하늘을 날아 최초의 동력 비행에 성공했어요.

라이트 형제는 가솔린 기관을 단 라이트 플라이어 1호로 하늘을 날았어요. 라이트 플라이어호는 세계 최초의 동력 비행기예요.

비행기의 동체가 순수 금속으로 제작된 세계 최초의 민항기 보잉 247이 탄생했어요.

구 소련은 인류 역사상 처음으로 사람을 태운 우주선 보스토크 1호를 발사했어요. 최초의 우주 비행사는 유리 가가린이었어요.

대한민국은 한국형 발사체 누리호 발사에 성공했어요. 누리호는 1.5톤급 실용 위성을 지구 상공 600~800킬로미터 태양 동기 궤도(궤도면이 태양에 대하여 항상 일정한 각도를 이루는 궤도)에 직접 투입할 수 있는 3단형 발사체예요.

우주와 지구 사이를 왕복하는 유인 우주 왕복선 컬럼비아호가 발사되었어요. 컬럼비아호는 위성 궤도 진입에 성공한 뒤 지구 주위를 4,636번 돌고 무사히 지구로 돌아왔어요.

대한민국 최초의 우주 발사체 로켓 나로호 (나로 과학 위성)가 발사에 성공했어요.

세계 최초의 초음속 비행기(시속 1,224킬로미터)는 로켓 엔진을 단 벨 X-1이에요.

최초의 우주 정거장은 구 소련에서 만든 살류트 1호예요.

스페이스X의 유인 우주선 크루 드래곤이 역사상 처음으로 우주 비행사 없이 일반인 4명만을 태우고 우주로 발사되었다가 지구로 돌아왔어요.

| 1946 | 1957 | 1961 | 1969 | 1971 | 1976 | 1981 | 2005 | 2013 | 2016 | 2021 | 2022 | 2023 |

미국의 전기차 제조 회사인 테슬라모터스의 대표 일론 머스크가 설립한 민간 우주 개발 업체 스페이스X에서 로켓의 해상 회수에 성공하여 로켓 재활용 시대를 열었어요.

콩코드는 세계 최초의 초음속 여객기예요. 음속보다 두 배 빠른 속도로 운항했지만 이착륙시 소음과 너무 비싼 요금으로 운행이 중단됐어요.

구 소련은 세계 최초의 인공위성 스푸트니크 1호 발사에 성공하여 우주 시대의 서막을 열었어요.

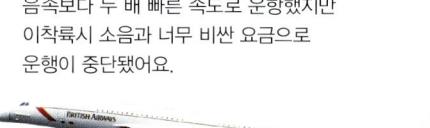

세계에서 제일 큰 여객기는 에어버스 A380이고 최대 좌석 수는 853석이에요.

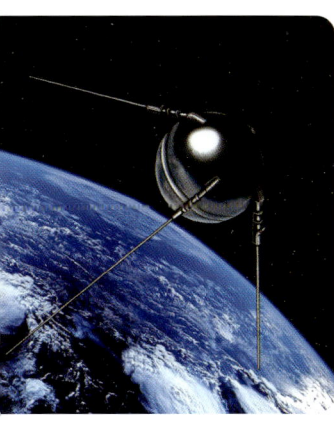

1969년 7월 16일, 케네디 우주센터에서 발사된 아폴로 11호가 3일 뒤 무사히 달 궤도에 진입 후 착륙하였어요. 선장인 닐 암스트롱은 달에 인류의 첫 발자국을 찍었고, 다른 우주 비행사 2명과 함께 무사히 지구로 돌아왔어요.

대한민국은 국내 기술로 개발한 달 궤도 탐사선 다누리 발사에 성공하여 세계에서 7번째 달 탐사국이 되었어요.

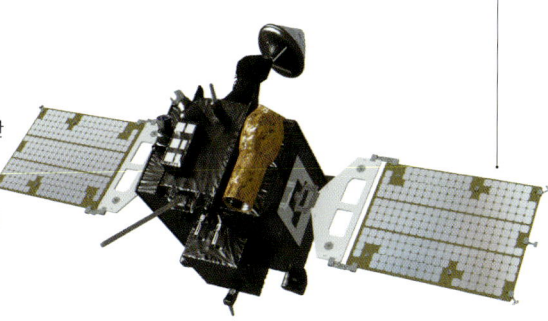

모빌리티 역사 도표: 열차의 어제와 오늘

1929년 로켓호 기관차가 탄생했어요. 조지 스티븐슨이 만들기 시작하여 그의 아들 로버트 스티븐슨이 완성했어요. 속도가 시속 48킬로미터였어요. 1830년에 정식 개통한 세계 최초의 승객용 열차예요.

세계 최초의 대륙 횡단 철도가 미국에서 완공되었어요. 동-서 2,860킬로미터 구간을 달렸어요.

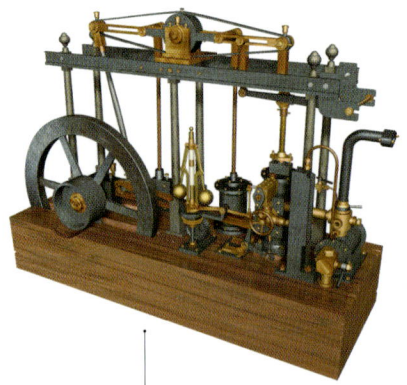

제임스 와트가 증기의 피스톤을 왕복 운동시킴으로써 동력을 얻는 증기 기관을 발명, 제조했어요. 이것은 열차 발전의 기술적 원인 제공이 되었어요.

1840년대 들어 제국주의 국가들이 식민지 통제를 확고히 하기 위해 철도를 건설했어요. 아시아, 남아메리카, 아프리카 등에서 기차를 운행했어요.

세계 최초의 산악 철도인 제메링 철도가 건설되었어요. 이 산악 철도는 1848~1854년에 건설되었어요.

루돌프 디젤이 최초의 디젤 엔진을 발명했어요. 디젤 기관은 1930년대 이후 철도, 선박, 자동차의 에너지원으로 이용되고 있어요.

| BC 2200 | 1769 | 1804 | 1814 | 1824 | 1829 | 1830 | 1840 | 1854 | 1863 | 1869 | 1879 | 1895 | 1897 |

서남아시아의 유프라테스 강변에 있었던 고대 도시 바빌론에서 소나 말이 끄는 마차를 만들어 사용했어요.

트레비식이 고압 증기 기관을 설계하고, 이것을 동력으로 철제 궤도 위를 달리는 증기 기관차를 발명했어요. 하지만 선로의 상용화에는 실패했어요.

'철도의 아버지'라 불리는 영국의 조지 스티븐슨이 석탄 운반을 목적으로 한 탄갱용 증기 기관차를 만들었어요.

조지 스티븐슨이 영국의 스톡턴가와 달링턴 사이에 처음으로 철도를 시설하였어요.

에른스트 베르너 폰 지멘스가 베를린산업박람회에서 세계 최초로 외부 전력에 의해 움직이는 비영업용 전기 기관차를 선보였어요.

첫 번째 전기 철도 노선은 볼티모어 벨트 선이에요.

조지 스티븐슨이 영국의 리버풀과 맨체스터에 철도를 부설하였어요. 이때부터 증기 기관차가 사람도 싣고 이동하게 되었어요.

세계 최초의 지하철이 영국 런던에서 개통되었어요. 메트로폴리탄선 패딩턴 역과 패링던 역 사이를 운행했어요.

독일 부퍼탈에서 열차가 선로에 매달려서 이동하는 방식의 모노레일이 개통되었어요. 지금도 정기적으로 승객들을 태우고 운행하고 있어요.

일본에서 세계 최초의 고속 철도인 신칸센이 개통되었어요. 도쿄올림픽 개최에 맞춰 개통된 신칸센은 시속 200킬로미터가 넘는 속도로 달렸어요.

대한민국이 시속 200킬로미터 이상의 빠른 속도로 운행하는 고속 열차 케이티엑스(KTX)를 개통했어요. 최고 속도는 시속 305킬로미터예요.

우리나라 최초의 철도인 경인선이 개통되었어요. 경인선의 개통은 근대적 교통 기관의 도입과 함께 구미 열강과 일본의 제국주의가 본격적으로 침투하게 되는 발판이 되었어요.

맬러드는 영국의 그랜트햄과 피터버러 사이를 시속 203킬로미터로 달려서 세계에서 가장 빠른 증기 기관차가 되었어요.

프랑스에서 일본 신칸센에 이어 세계에서 두 번째로 고속 전철 테제베가 개통되었어요. 시속 260킬로미터로 달렸어요. 하지만 2007년 테제베 포스는 세계 최고 속도인 시속 320킬로미터로 달리고 있어요.

세계에서 가장 긴 철도 터널인 스위스 고트하르트 베이스 터널이 개통되었어요. 총 길이가 57킬로미터에 달해요.

| 1899 | 1901 | 1904 | 1932 | 1937 | 1938 | 1955 | 1964 | 1981 | 2002 | 2004 | 2011 | 2016 |

보스턴에서 미국 최초의 지하철이 개통되었어요. 이후 1904년 뉴욕 지하철이 개통되었어요.

프랑스 보르도 근처에서 3량의 객차를 끄는 전기 기관차 2대가 시속 331킬로미터로 달리는 기록을 세웠어요.

세계에서 세 번째로 상하이 자기 부상 열차가 상용 주행을 시작했어요. 최고 속도가 시속 430킬로미터로 2개의 역을 7분 20초 만에 주파해요. 원래의 열차는 독일에서 기술을 제공한 자기 부상 열차 '트랜스래피드 08'이에요.

시베리아 철도 전 구간의 복선화가 완성되었어요.

러시아 모스크바에서 블라디보스토크까지 연결하는 세계에서 가장 긴 대륙 횡단 철도인 시베리아 철도가 개통되었어요. 길이는 9,288킬로미터이며 정기 열차를 타면 7일 2시간이 걸려요.

대한민국의 첫 경전철인 부산 도시 철도 4호선이 개통되었어요. 경전철은 실어 나르는 양과 운전하는 거리가 기존 지하철의 절반 정도 수준으로 가벼운 무게의 전철이에요.

독일의 디젤 기관차인 플리겐데 함부르거가 최고 시속 160킬로미터로 달렸어요.

인천국제공항 자기 부상 철도 1단계 구간(인천공항 1터미널~용유역 간 6.1킬로미터, 6개 역)이 개통되었어요.

제1장 땅 위를 달리는 탈것 끝판왕

공사장에서 흙을 나르는 중장비, 휠로더

사막의 모랫길을 달리는 SUV 레이싱 카

짐칸이 있는 밴을 숙소용으로 개발한 캠핑카

자동차

최고급 수공 차 롤스로이스 보트테일

기름과 전기를 모두 쓰는 현대 투싼 하이브리드

소방 장비를 갖춘 스카니아의 P280 소방차

자동차 제원에 나오는 단위
kg(킬로그램) 무게의 단위. **t(톤)** 무게의 단위. 1,000kg=1t.
m(미터) 길이의 단위. **km(킬로미터)** 길이의 단위. 1,000m=1km.
km/h(킬로미터 퍼 아워) 시속. 속력의 단위. 1시간에 몇 km를 이동했는지 나타냄.
ps(홀스파워) 마력. 자동차 엔진이 낼 수 있는 힘의 양. 1ps는 1초 동안에 75kg을 1m 끄는 힘.
cc(시시) 배기량을 나타낼 때 사용. 엔진 피스톤이 실린더 내에서 1행정 했을 때 배출되는 공기와 혼합가스의 부피를 나타냄. 1cc=1cm³=1㎖.
L(리터), m³(세제곱미터) 부피의 단위. 가로×세로×높이로 계산. 1m³=1,000L.

자동차의 역사 탐험

인류가 바퀴를 발명한 것은 약 6000년 전이에요. 이후 그것을 사람 혹은 소, 말과 같은 짐승의 힘으로 굴린 시대가 오랫동안 지속되었어요.

1770년 프랑스의 퀴뇨가 최초로 증기 자동차를 발명했어요. 속도는 사람이 걷는 정도인 시속 5킬로미터였어요. 하지만 증기 자동차는 성능이 낮고, 불을 때서 증기가 발생하여 주행이 가능하게 될 때까지 시간이 오래 걸려 개인용 소형 자동차에는 적당하지 않았어요.

19세기 중반에 이르러 전기 자동차가 출현하였어요. 그러나 축전지가 무겁고 항속 거리가 짧으며, 오랜 시간 충전을 해야 하는 결점이 있었어요.

1862년 프랑스의 로사가 사이클 기관의 원리를 발견했어요. 그로부터 14년 후인 1876년 독일의 오토가 사이클 기관의 원리에 따른 4행정 사이클 기관을 완성했어요.

이후 다임러가 *가솔린(흔히 말하는 '휘발유'의 영어 이름이에요. 석유를 가공한 연료예요.)을 연료로 하는 가볍고 강력한 기관을 완성하였어요. 1885년 다임러는 이것을 목제의 이륜차에 탑재하여 사상 최초의 이륜차 시대를 열었어요. 그리고 각각 *특허를 얻었어요. 또 벤츠도 독자적으로 2행정 사이클 가솔린 기관을 완성하고, 다임러와 같은 해인 1885년에 삼륜차를 제작하고 다음 해에 특허를 얻었어요.

그 후 1926년 두 회사는 합병하여 회사명을 다임러-벤츠, 차 명칭을 메르세데스 벤츠로 하여 지금까지 명성을 떨치고 있어요.

프랑스에서는 파나르-르바소르 회사가 다임러 기관의 제작권을 얻

※은 144쪽 용어 설명 참조.

벤츠의 페이턴트 모터바겐
세계 최초의 삼륜차(1885년)
최고 속도 : 15km/h / 배기량 : 990cc

> 오늘날 전 세계에 약 14억 대의 자동차가 움직이고 있어요. 그 첫 시작은 벤츠의 삼륜차예요.

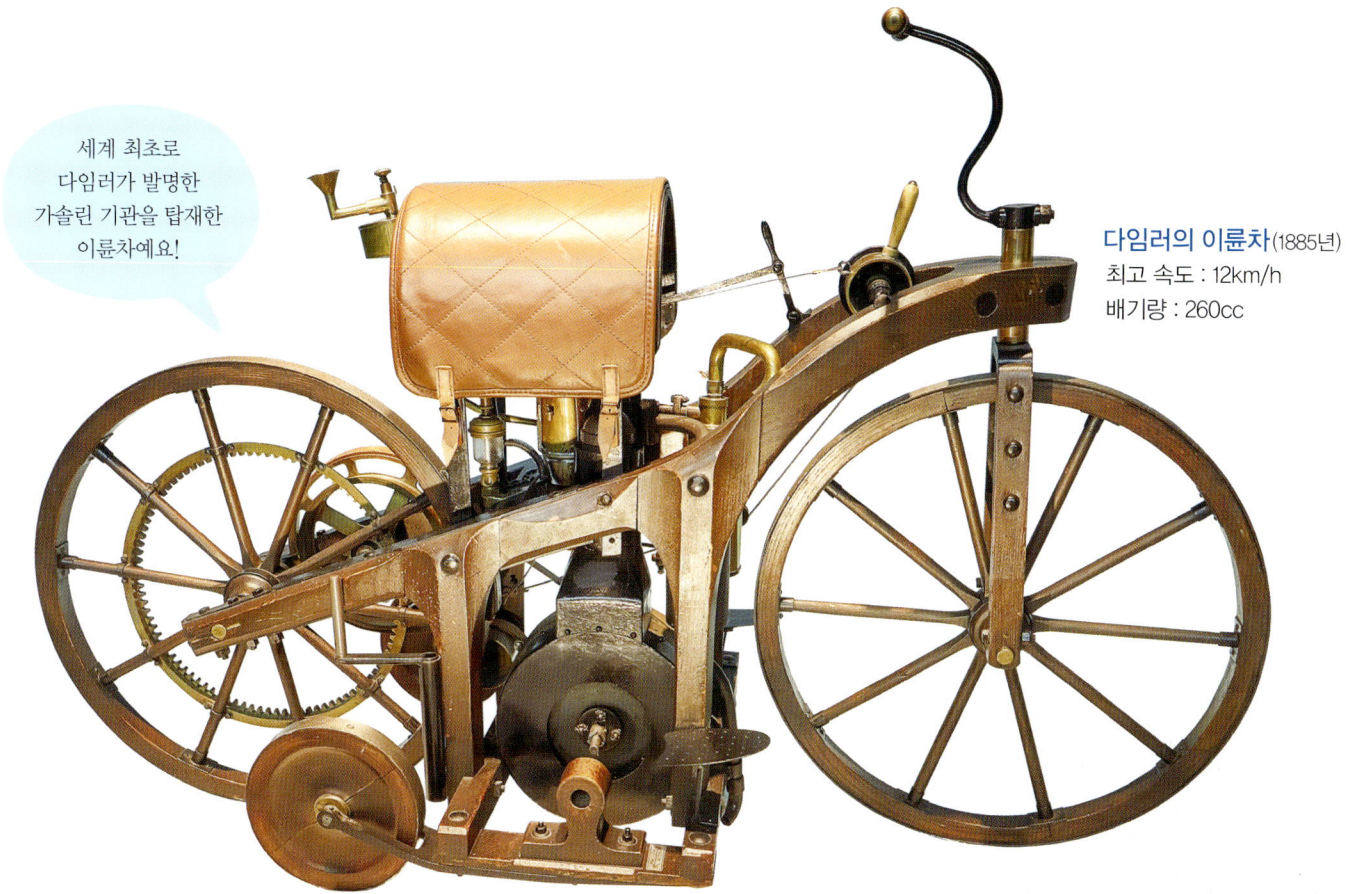

세계 최초로 다임러가 발명한 가솔린 기관을 탑재한 이륜차예요!

다임러의 이륜차(1885년)
최고 속도 : 12km/h
배기량 : 260cc

포드 모델-T 최초의 컨베이어 생산 차(1908년)
최고 속도 : 70km/h / 배기량 : 2900cc

폭스바겐 비틀 딱정벌레 모양으로 유명(1938년)
최고 속도 : 100km/h / 배기량 : 985cc

어 자동차 생산을 시작하였어요. 앞쪽에 기관을 설치하고, 동력을 *클러치→*변속기→뒷바퀴로 직선적으로 전달하는 방식을 처음으로 갖추었어요.

랜섬 올즈는 1901년 유명한 올즈 모빌을 제작하여 세계 최초의 자동차 양산 제조 업체가 되었어요.

1908년 포드는 자동차를 만드는 라인에 컨베이어 벨트 시스템을 도입하고, 모델-T를 생산했어요. 모델-T는 간결하고 신뢰성이 높은 설계와 새로운 합금강 사용으로 견고할 뿐만 아니라, 양산 방식 때문에 그 값이 저렴하여 폭발적인 인기를 얻었어요. 모델-T는 세계 최초의 '국민차'로 자동차의 대량 생산이라는 혁명을 가져왔어요.

프랑스의 시트로엥은 포드에서 배운 방식으로 유럽에서 처음으로 대량 생산을 시작하였어요.

1930년대에는 전부 강판으로 된 상자형 차체가 양산되었어요.

1940년 이후에는 차체의 높이가 더 낮아지고 길이도 길어지고 폭이 넓어졌어요. 또 스텝이 차체에 포함되고, 객실이 더욱 넓어졌어요.

여가와 출퇴근에 두루 사용할 수 있는 RV

RV는 야외에서 다양한 취미 활동을 하는 데 사용할 목적으로 나온 여가용 차량이에요. 지금은 출퇴근이나 업무에 두루 쓰이지만요. 일반 승용차보다 지붕의 높이가 높아요. RV에는 미니밴, 지프, 소형 승합차 등이 있어요. 유럽에서는 미니밴을 *MPV라 하고, 지프는 *SUV라고 불러요. 예전에는 디젤 *엔진을 주로 장착했지만, 최근 들어 환경 오염 문제로 인해 *가솔린 엔진도 사용해요. 세제 혜택, *LPG 등의 값싼 연료 사용의 장점 때문에 인기가 높아 세단만큼 많이 판매되고 있어요.

*은 144쪽 용어 설명 참조.

디젤 엔진의 장단점

디젤 엔진은 경유나 중유를 연료로 하는 엔진이에요. 실린더 안에서 공기를 압축한 뒤 인젝터로 경유나 중유를 분사하여 자연 발화로 점화하고 폭발하게 하여 피스톤을 움직여요. 그렇기 때문에 연소하는 데 시간이 걸리고, 진동이 심해요. 가솔린 엔진보다 높은 폭발력을 발휘하다 보니 엔진의 주요 부품들이 튼튼하게 제작되어 매우 크고 무거워요. 엔진의 반응 속도가 느려 경주용 차량에는 쓰이지 못하고, 배출 가스가 많이 나와 환경 오염을 일으켜요. 하지만 연료로 하는 경유의 가격이 대체로 휘발유에 비해 저렴해요. 버스나 트럭 등은 디젤 엔진을 쓰고 있어요.

제네시스 GV70
최고 속도 : 240km/h / 무게 : 1,895kg / 0 → 100km/h : 6.1초
배기량 : 2,497cc

아우디 Q8 최고 속도 : 210km/h / 무게 : 2,230kg
0 → 100km/h : 5.9초 / 배기량 : 2,995cc

RV는 캠핑카로 개조해 쓰기도 하고 지붕에 루프 박스(짐이나 스키, 보드를 넣는 박스)를 얹어서 다닐 수도 있어요.

BMW X6 최고 속도 : 235km/h / 무게 : 2,310kg
0 → 100km/h : 6.1초 / 배기량 : 2,993cc

벤츠 G 63 최고 속도 : 210km/h / 무게 : 2,635kg
0 → 100km/h : 4.5초 / 배기량 : 3,982cc

현대 투싼 최고 속도 : 213km/h / 무게 : 1,495kg
0 → 100km/h : 8.7초 / 배기량 : 1,598cc

기아 셀토스 최고 속도 : 221km/h
무게 : 1,345kg / 0 → 100km/h : 6.9초 / 배기량 : 1,598cc

지프 랭글러 최고 속도 : 190km/h
무게 : 2,010kg / 0 → 100km/h : 8.1초
배기량 : 1,995cc

RV는 많은 짐을 실을 수 있고 많은 사람이 탈 수 있어 패밀리카로 인기가 있어요.

쉐보레 트레일블레이저
최고 속도 : 190km/h / 무게 : 1,345kg
0 → 100km/h : 9.6초 / 배기량 : 1,341cc

견인차&자동차 운반차

견인차는 불법 주차 차량, 고장이나 사고가 난 차량 등을 이동시키는 특수 차량이에요. 사고 자동차 1대만 끌고 가지요. 정식 명칭은 구난차이며, 견인차는 트레일러용 트랙터를 가리키는 말로 바뀌었어요. 하지만 옛 명칭인 렉커 또는 견인차가 여전히 통용되고 있어요. 자동차 운반차는 한 번에 여러 대를 실어 운반하는 차예요. 튼튼한 고정 장치가 있어 여러 대를 싣고 달려도 흔들리지 않아요.

플랫베드 방식 견인차!

IVECO 이베코 데일리
출력 : 180ps
배기량 : 3,000cc

붐 방식 견인차!

ISUZU 이스즈 엘프
출력 : 190ps
배기량 : 5,193cc

배기량은 무엇일까요?

피스톤이 실린더 내에서 1번 왕복으로 회전(1행정)했을 때 흡입한 공기 또는 혼합 가스의 부피를 말해요. 각 기통의 실린더 면적×스트로크×기통 수로 나타내며 cc(시시)나 L(리터)로 표시해요. 배기량이 클수록 엔진의 크기가 크고 그에 비례하여 힘이 강해요. 배기량은 엔진 크기의 척도로, 차 자체의 급수를 알게 해요. 자동차 세금도 배기량을 기준으로 정해지기 때문에 차의 크기나 무게, 성능을 나타낸 것에서 가장 기본이 되는 사항이에요.

튼튼한 고정 장치 덕분에 자동차 여러 대를 싣고도 흔들림 없이 운반할 수 있는 자동차 운반차!

ISUZU 이스즈 포워드
출력 : 240ps / 배기량 : 5,193cc

경찰 업무에 이용하는 경찰차

경찰차는 경찰의 다양한 업무를 수행하기 위해 제작된 긴급 자동차예요. 내부 구조는 사이렌, 앰프, 무전기, 확성기가 실려 있고 지붕 위에는 ※경광등이 달려 있어요. 사이렌은 긴급 상황 이외에는 울릴 수 없으며, 긴급 출동 시에는 도로 교통법을 위반해도 상관이 없어요. 범인의 도망 방지를 위해 뒷문은 손잡이가 없고 유리창도 열지 못하게 되어 있어요.

현대 아반떼(대한민국)
최고 속도 : 210km/h / 무게 : 1,250kg
0 → 100km/h : 9초 / 배기량 : 1,598cc

교통 법규 위반자들이 빠른 차를 타기 때문에 두바이의 경찰차는 빠른 스포츠카가 많아요!

BMW 5(두바이) 최고 속도 : 235km/h
무게 : 1,670kg / 0 → 100km/h : 7.8초 / 배기량 : 1,998cc

경찰차에는 세단, RV, 버스, 견인차, 살수차가 있어요.

포드 익스플로러 폴리스 인터셉터(하와이)
최고 속도 : 200km/h
무게 : 2,085kg
0 → 100km/h : 6.7초
배기량 : 2,261cc

복스홀 안디리(영국) 최고 속도 : 165km/h
무게 : 1,805kg / 0 → 100km/h : 9.9초 / 배기량 : 2,231cc

현대 뉴카운티(대한민국)
무게 : 5,500kg / 배기량 : 3,933cc

높은 곳의 작업에 필요한 고소 작업차

높은 곳에서 공사, 점검, 고치는 작업 등에 사용되는 기계예요. 작업상 오르고 내리는 장치 등이 구성되어 있어요. 기계적인 힘에 의해 작업 발판이 오르고 내리며, 정해지지 않은 장소에서 이용해요. 고소 작업차를 주행 장치에 의해 분류하면 트럭식, 크롤러식, 휠식이 있으며, 작업 장치에 의해 분류하면 신축 붐형, 굴절 붐형, 수직 승강형 등이 있어요.

Haulotte 하우롯데 HA26PX
장비 중량 : 4,150kg
버킷 용량 : 230kg
정격 출력 : 104ps

신축 붐형 작업차예요.

수직 승강형의 상하 스윙식 작업차예요.

현대 파워 트럭 장비 중량 : 4,680kg
버킷 용량 : 200kg / 정격 출력 : 380ps

타타대우 노부스
장비 중량 : 5,000kg / 정격 출력 : 280ps

굴절 붐형 작업차예요.

히노 듀트로 장비 중량 : 4,000kg
버킷 용량 : 200kg / 정격 출력 : 205ps

긴급한 환자를 실어 나르는 구급차

구급차는 위급한 환자나 부상자를 신속하게 병원으로 실어 나르기 위해 제작된 긴급 자동차를 말해요. 응급차, 앰뷸런스라고도 하며, 소방서에 소속되어 있어요. 19세기의 프랑스 외과 의사가 전쟁에서 부상당한 군인들을 안전하게 수송하기 위해 개발한 구급 마차가 시초예요. 육군의 인원이 감소되지 않게 많은 기여를 했어요.

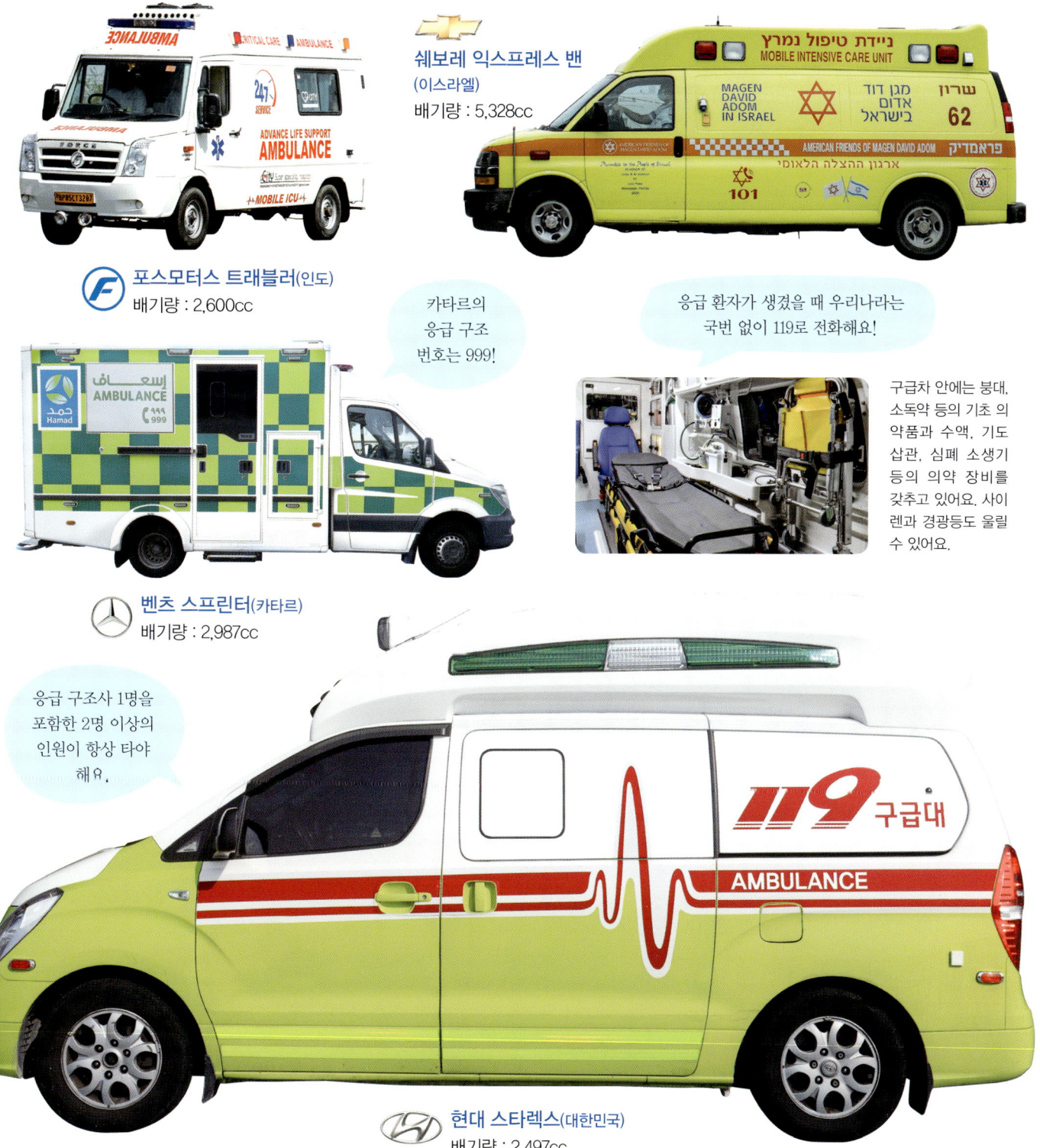

쉐보레 익스프레스 밴 (이스라엘)
배기량 : 5,328cc

포스모터스 트래블러(인도)
배기량 : 2,600cc

카타르의 응급 구조 번호는 999!

응급 환자가 생겼을 때 우리나라는 국번 없이 119로 전화해요!

구급차 안에는 붕대, 소독약 등의 기초 의약품과 수액, 기도 삽관, 심폐 소생기 등의 의약 장비를 갖추고 있어요. 사이렌과 경광등도 울릴 수 있어요.

벤츠 스프린터(카타르)
배기량 : 2,987cc

응급 구조사 1명을 포함한 2명 이상의 인원이 항상 타야 해요.

현대 스타렉스(대한민국)
배기량 : 2,497cc

땅이나 바위를 파는 굴착기

땅이나 바위를 파거나 파낸 것을 처리하는 기계예요. 탱크처럼 크롤러(무한궤도 : 차바퀴의 둘레에 강판으로 만든 벨트를 걸어 놓은 장치) 바퀴를 장착한 굴착기, 일반적인 바퀴 형식인 휠 굴착기 등이 있어요. 이 기계들은 파고 뚫는 작업과 퍼 담는 일도 하지만 가까운 거리의 운반 작업도 동시에 할 수 있어요. 굴착뿐만 아니라 거친 땅을 일구어 논밭이나 쓸모 있는 땅으로 만드는 일, 쌓인 눈을 치우는 일, 땅을 반반하고 고르게 만드는 일 등 다목적으로 쓰여요.

HD현대건설기계 굴착기 R80CRA(크롤러)
버킷 용량 : 0.25m³
정격 출력 : 67.8ps

무한궤도를 장착한 크롤러 굴착기!

일반적인 바퀴 형식인 휠 굴착기!

HD현대인프라코어 굴착기 DX210WA(휠)
버킷 용량 : 0.86m³
정격 출력 : 164ps

버킷은 굴착기 앞에 달린 흙, 모래를 퍼 올리는 통이에요. 출력이 높을수록 버킷 용량도 커요.

KOMATSU 코마츠 굴착기 PC30E-5(전기)
버킷 용량 : 0.09m³
정격 출력 : 13.4ps

전기로 움직이는 굴착기예요.

HD현대건설기계 굴착기 HX10A(크롤러)
버킷 용량 : 0.015m³
정격 출력 : 13.4ps

볼보 굴착기 EC300E(크롤러)
버킷 용량 : 0.52m³ / 정격 출력 : 253ps

세계에서 제일 큰 굴착기는?
독일의 노천 광산용 굴착기인 배거 288이에요. 거대한 톱니바퀴처럼 생긴 장치를 돌려 하루에 약 24만 톤의 흙을 퍼 올릴 수 있어요. 길이 240미터, 높이 96미터, 무게 13,500톤, 회전 반경 100미터, 이동 속도 시속 0.6킬로미터예요. 지상 최대의 자력 주행 기계로 기네스북에 올랐어요.

노면 청소차 & 살수차

노면 청소차는 길에서 볼 수 있는 차량으로, 기계로 작동하는 빗자루로 쓰레기들을 쓸어 담아요. 살수차는 물청소 차량으로 도로 물청소에 주로 쓰여요. 중간에 물이 떨어지면 도로변에 차를 대고 소화전에서 물을 채워요. 터널 청소차도 있어요.

중국 살수차
배기량 : 11,000cc / 정격 출력 : 385ps

살수차가 물을 뿌리는 모습이에요.

노면 청소차가 청소할 준비를 하고 있어요.

엠에이엔 TGA
출력 : 320ps / 배기량 : 10,500cc

벤츠 악트로스(우크라이나)
공항, 도로에 쓰이는 살수차. 스프링클러가 달려 있어요.

살수차는 미세 먼지가 많은 날, 또는 도시의 온도가 높은 날 물을 뿌려서 온도를 낮춰요.

짐받이가 기울어지는 덤프트럭

차에 실은 짐을 한꺼번에 내릴 수 있도록 적재함의 밑바닥을 떠받쳐 올리면서 뒤쪽으로 기울어지게 장치한 화물 차량이에요. 우리나라에서는 간혹 '덤프카'라고 부르기도 해요. 주로 자갈, 모래, 광석, 쓰레기 등을 운반하는 데 이용하지요. 적재함을 기울여서 물건을 쏟아붓거나 떨어뜨리기 때문에 짐을 내릴 사람이 필요하지 않아요. 톤수는 1~50톤까지 있어요. 적재함은 보통 *유압으로 작동하지만 기계식이거나 수동인 것도 있어요.

※은 144쪽 용어 설명 참조.

BELAZ 벨라즈 75570
적재 용량 : 90t / 출력 : 1,050ps / 무게 : 163,000kg

히노 500 적재 용량 : 5.1t
출력 : 190ps / 무게 : 4,000kg

> 덤프트럭은 다양한 용량을 싣고 다닐 수 있도록 종류가 많아요.

스카니아 P380
적재 용량 : 25.5t
출력 : 420ps
무게 : 12,880kg

세계에서 제일 큰 트럭은?

벨라루스의 오토워크가 생산하는 벨라즈 광산용 덤프트럭인 벨라즈 75710이에요. 세계에서 가장 큰 용량을 가진 벨라즈 75710은 높이가 8미터, 최대 496톤을 실을 수 있어요. 이 트럭은 *출력 9,200마력으로 포터2 트럭이 운반하는 양의 496배를 한 번에 옮길 수 있어요. 복잡한 광산 조건과 더운 날씨 속에서 튼튼하게 잘 움직여요. 트럭의 바퀴가 사람 키의 무려 2배나 돼요.

현대 포터2 적재 용량 : 1t
출력 : 133ps / 무게 : 1,740kg

콘크리트를 뒤섞으며 운반하는 레미콘 차

시멘트에 모래와 자갈, 골재를 섞고 물에 반죽한 혼합물을 콘크리트라고 하는데, 이 콘크리트가 굳지 않도록 뒤섞으며 운반하도록 장치를 한 트럭이 바로 레미콘 차예요. 정식 명칭은 믹서 트럭인데, 일본에서 '레디 믹스드 콘크리트(Ready-Mixed Concrete)'의 영문 앞 글자를 따 레미콘이라 한 뒤부터 우리나라도 이렇게 부르고 있어요. ※엔진의 힘을 바퀴로 전달하는 구동축을 뒤에 있는 통에도 연결해 통을 굴려요.

현대 뉴파워 트럭 적재 용량 : 6,000L
출력 : 410ps / 배기량 : 10,000cc

DAF CF 적재 용량 : 10,000L
출력 : 462ps / 배기량 : 12,600cc

레미콘 차는 콘크리트가 굳지 않도록 계속 통을 굴려 뒤섞으며 운반해요.

스카니아 R420 적재 용량 : 9,000L
출력 : 480ps / 배기량 : 11,705cc

벤츠 악트로스 적재 용량 : 12,000L
출력: 400ps / 배기량 : 7,700cc

볼보 FMX 적재 용량 : 12,000L
출력 : 460ps / 배기량 : 12,800cc

자동차 기술의 최정점 레이싱 카

속도 경기를 목적으로 만든 자동차로 경주용 자동차 또는 레이서라고도 불러요. 일반적인 자동차에 있는 헤드라이트, 와이퍼 등은 갖추고 있지 않아요. 대신 *실린더 수를 늘리고, 연료 분사기를 장착하여 *엔진을 강력하게 만들어요. 실용차는 배기량이 1리터당 50~80마력이지만 레이싱 카는 120~150마력이나 돼요. 조종하는 특성을 높이기 위해서 차량의 높이가 낮고 차량 앞뒤의 무게가 균형을 이루어요. 또 스프링이 튼튼해요. ※은 144쪽 용어 설명 참조.

포뮬러 1(F1) 세계 3대 스포츠 이벤트 중 하나로 평균 속도가 가장 빠른 *모터스포츠 대회예요. 한 경기에 관중이 15만 명씩 관람하며 TV로 보는 시청자 수는 6억 명이에요. 한 해에 포뮬러 1에 참가할 수 있는 드라이버는 전 세계적으로 20명 정도밖에 되지 않아요. 인디 500, 르망 24시와 더불어 세계 3대 모터스포츠로 손꼽히며, 이 세 개의 레이스에서 우승하면 트리플 크라운 또는 그랜드 슬램이라 불러요. 최고 속도는 시속 380킬로미터까지 나와요.

2010~2013년까지 우리나라 영암에서 대회가 열렸어요.

페라리 F1-75 카

미니 올4 레이싱

다카르 랠리에 출전해 경주를 하고 있어요.

 **다카르 랠리** '죽음의 랠리'라 불리는 국제 자동차 경주 대회예요. 인간이 엔진 달린 지상용 탈것으로 할 수 있는 가장 어려운 레이싱 중 하나예요. 1978년부터 시작한 경기이며 사막, 계곡, 산길 등 오지의 포장되지 않은 도로 1만 킬로미터 안팎을 3주에 걸쳐 달려요. 위험하기는 하지만 멀쩡한 길을 달리는 다른 레이싱과는 다른 로망이 있는 경기라서 드라이버들의 꿈의 경기로 불려요. 종목은 모터사이클, 자동차, 트럭으로 나뉘어요.

닛산 나바라

다카르 랠리에 출전한 모습이에요.

 **르망 24시 내구 레이스** 프랑스 르망시 부근에서 1923년부터 해마다 실시하고 있는 내구 자동차 경주예요. 자동차가 튼튼하고 오래 견디는 것을 비교하는 경주라서 24시간 누가 더 멀리 갔는지를 가리는 시합이에요. 다른 경주에서처럼 누가 먼저 결승점을 통과하는지를 가리지 않는 점이 특별해요. 1970년에 바뀐 규정으로 르망 24시는 운전자 3명이 한 팀을 이루어야 출전할 수 있어요.

 **나스카 레이스** 미국 종합 스톡 자동차 경주 대회(NASCAR)예요. 스톡 자동차란 일반 판매용 차를 개조한 자동차를 의미해요. 1948년에 시작했고 오벌 트랙이라 불리는 타원형 *서킷으로 코너 부분이 31도 정도 기울어져 있어요. 오벌 트랙은 왼쪽 한 방향으로만 회전하며, 계속 가속 페달을 밟고 최고 속도에 가까운 속도로 밀어붙이는 방식으로 레이스가 진행돼요.

 **WRC 랠리** 비포장도로와 자갈 및 빙판길 등 험난한 지형에서 진행되는 자동차 철인 경기, 월드 랠리 챔피언십(WRC)이에요. 매년 전 세계를 돌며 약 11개월간 진행되는 WRC는 포뮬러 1과 달리 서킷(자동차 경주용 도로)이 아닌 일반 도로를 달리는 대회예요. 우리나라의 현대자동차가 2019, 2020년 제조사 부문에서 우승을 차지했어요.

 **인디애나폴리스 500마일 대회** 미국 인디애나폴리스에서 실시하는 인디애나폴리스 500마일 자동차 경주는 인디 500이라고도 불리는 미국의 오픈 휠(바퀴가 드러나 있는) 자동차 경주 대회예요. 1911년 처음 개최된 이래로 깊은 역사를 자랑하며, 인디카의 어원이기도 해요. 경기는 경기장의 200바퀴에 해당하는 거리인 약 800킬로미터를 누가 가장 빨리 달리는지 겨루는 방식이에요.

피트 크루가 무엇인가요?

레이싱 팀에는 운전자, 감독, 매니저 외에 피트 크루라 불리는 사람들이 있어요. 주행 중 타이어 교체를 위해 잠시 정차하는 것을 피트 스톱이라고 하는데, 이때 투입되는 엔지니어들이 피트 크루예요. 20명 남짓한 피트 크루가 타이어 네 개를 교체하는 데 걸리는 시간은 3초 이내로 빨라요.

① **잭 맨** : 잭 맨은 프런트 잭과 리어 잭으로 나뉘어요. 말 그대로 잭으로 경주차를 들어 올리는 역할을 맡아요.

② **프런트 윙 이저스터** : 경주차와의 접촉 사고나 충돌 등으로 프런트 윙이 망가지면 프런트 윙 어저스터 두 명이 새 부품으로 바꿔줘요.

③ **타이어 오프** : 교체할 타이어를 빼내는 사람이에요. 타이어 거너가 너트를 풀면 재빨리 사용한 타이어를 빼내요.

④ **타이어 거너** : 휠건으로 너트를 풀고 조이는 일을 해요. 바퀴 한 짝마다 세 명(③④⑤)이 담당해요.

⑤ **타이어 온** : 새 타이어를 끼우는 역할을 맡아요. 타이어 오프가 사용한 타이어를 빼내면 곧바로 새 타이어를 밀어 넣어요.

⑥ *스태빌라이서 : 타이어를 교체하는 동안 흔들리지 않도록 차체 중앙 양쪽에서 자동차를 잡아줘요.

⑦ **백업 맨** : 간혹 실수나 장비의 고장으로 문제가 발생했을 때 보조로 도와주는 일을 해요.

짐을 싣는 데 쓰는 로더&지게차

로더는 동력삽처럼 짐을 싣는 데 쓰는 기계예요. 선적용, 토목 작업용이 있으며, 광산에서 쓰는 것은 주로 채탄 기계와 하나로 되어 있어요. 농업용 로더는 쌓아 놓은 흙이나 거름, 축산 쓰레기 등을 실어 짧은 거리까지 운반한 뒤 내리기 쉽게 되어 있어요.
지게차는 차의 앞부분에 두 개의 길쭉한 철판(마스트라고 함)이 나와 있어 이곳에 짐을 싣고 위아래로 움직여서 나르는 차예요.

지게차는 짐을 올리고 내리는 마스트를 구비한 자동차로, 짐을 운반하거나 짐을 2미터 정도까지 높이 올릴 수 있어요. 짐을 쌓고 주행하는 속도는 8킬로미터 정도이지만, 빈 차일 때는 15~25킬로미터로 움직여요.

토요타 지게차 6FB18
인상 하중 : 1.8t / 높이 : 3.0m

이 부분을 마스트라고 해요.

HELI 헬리 지게차 CPCD30
인상 하중 : 3t / 높이 : 4.3m
정격 출력 : 49.7ps

HD현대건설기계 스키드로더 HL390
배기량 : 3,331cc
버킷 용량 : 0.37m³
정격 출력 : 74.2ps

HD현대건설기계 휠로더 HL980A
버킷 용량 : 5.6m³
정격 출력 : 360ps

큰 장비의 방향 전환 방법으로 움직임이 가능한 휠로더라서 회전 반경이 커요.

볼보 휠로더 1350F
버킷 용량 : 6.2m³
정격 출력 : 532ps

자동차 경고등 종류는?

모든 자동차는 운전석에 계기판이 있어요. 계기판에는 다양한 경고등이 있고, 이곳에 불이 들어와 있어요. 모양은 전 세계 공통이에요. 따라서 어느 나라에 가서 운전을 해도 같은 모양, 같은 색상으로 나타나요.

색상은 빨간색, 주황색, 초록색 3가지 색상으로 분류되어 있어요. 먼저 초록색은 차의 어떤 기능이 정상적으로 작동하고 있다는 것을 의미해요. 주황색은 차에 이상은 발생했지만 당장 운전은 가능하다는 뜻이에요. 하지만 되도록 빨리 점검을 받으라는 의미예요. 빨간색은 차에 심각한 고장 또는 운전자의 안전을 위협하는 현상이 발생했으니 운행을 멈추라는 뜻이에요.

 **엔진 오일 압력 경고등** 엔진 오일이 부족해 유압이 낮아졌거나 센서 고장이 발생했을 때 켜져요.

 **전동 파워 스티어링 경고등** 운전대, 즉 핸들에 이상이 생겼을 때 켜져요.

 **워셔액 경고등** 워셔액이 부족할 경우에 켜져요.

 **에어백 경고등** 에어백 시스템에 이상이 있을 때 켜져요.

 **냉각수 수온 경고등** 냉각수 부족 또는 냉각수 온도가 비정상적으로 올라갈 경우에 켜져요.

 **안전 벨트 경고등** 안전 벨트를 하지 않았을 경우에 켜져요.

 **연료 부족 경고등** 연료의 남은 양이 적을 때 켜져요.

 **하이빔 보조 표시등** 장거리의 도로를 비추는 등이에요. 도시 외곽에서 맞은편에서 차가 오지 않을 때 사용해요.

 **전면 안개등** 전조등보다 아래에 설치되는 램프로 눈비가 오거나 안개가 끼는 등 날씨가 좋지 않을 때 사용해요.

 **브레이크 경고등** 브레이크 고장 혹은 사이드 브레이크가 올려졌을 때 켜져요.

 **배터리 경고등** 배터리의 전압이 낮거나 발전기 이상으로 충전이 제대로 이루어지지 않을 경우에 켜져요.

 **엔진 경고등** 엔진 제어 장치, 연료 공급 장치 등 수많은 원인으로 켜지며 스캐너라는 장비로 진단해 보기 전에는 원인을 알 수 없어요.

 **미등 표시등** 약한 빛이 나오게 하는 등이에요. 실내 계기판, 자동차 번호판에도 사용돼요.

 **방향 지시등** 자동차의 운전 방향을 주위 차량에게 알리는 등이에요. 깜빡이라고도 불러요.

 **전조등 상향 표시등** 빛을 정면으로 비춰서 먼 거리까지 볼 수 있는 등이에요.

 **타이어 압력 경고등** 타이어 공기압이 부족할 경우에 켜져요.

 **통합 경고등** 레이더, 헤드 램프, *ADAS 관련 시스템에 이상이 있을 경우 켜져요.

 **전조등 하향 표시등** 불빛의 각도를 아래로 향하게 설정해서 도로를 밝히는 등이에요.

 **차선 이탈 방지 시스템** 차선을 벗어나면 불이 켜져요.

 **주차 브레이크 표시등** 에어 파킹 브레이크를 누르면 켜져요.

 **주차 보조 장치 표시등** 주차를 할 때 주차 센서가 켜져요. 주차 경고음을 울려 줘요.

 **에어백 작동 정지 표시등** 에어백이 작동되지 않을 때 켜져요.

 ***ABS 시스템에 이상이 있다는 뜻으로 점검을 받아야 해요.

 ***보닛 열림 표시등** 자동차 앞의 보닛이 열렸을 때 켜져요.

※은 144쪽 용어 설명 참조.

호화로운 대형 승용차 리무진

차체의 중간 부분을 일반적인 자동차 사양보다 훨씬 길게 뺀 고급 자동차예요. 흔히 고급 세단 차량의 B필러(운전석과 뒷부분 연결 부위) 부분을 잘라낸 뒤 연장 부품을 붙여 늘려 그 내부에 고급 내장재와 여러 가지 편의 시설을 갖추고 있어요. 유래는 프랑스의 리무쟁 지방이며, 이 지역 사람들은 자동차와 유사하게 생긴 두건을 쓰고 다녔다고 알려져 있어요.

벤츠 마이바흐 S클래스 풀만
최고 속도 : 160km/h / 무게 : 5,000kg
배기량 : 6,980cc

'움직이는 백악관'이라고 불리는 미국 대통령의 리무진! 디젤 엔진을 사용해요.

캐딜락 프레지덴셜 리무진 (미국 대통령 리무진)
최고 속도 : 160km/h / 무게 : 9,000kg / 배기량 : 6,200cc

캐딜락 DTS 리무진
최고 속도 : 240km/h / 무게 : 2,370kg
배기량 : 4,565cc

캐딜락 CT6 리무진
최고 속도 : 230km/h / 무게 : 2,374kg
배기량 : 3,649cc

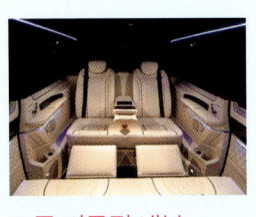

고급 리무진 내부
누워서 잠을 잘 수도 있고 업무를 위해 컴퓨터를 얹어놓을 수도 있어요. 의자도 매우 폭신하고 스피커의 음향도 성능이 무척 뛰어나요.

파티용 리무진 내부
파티 및 이벤트용 리무진의 내부예요. 천장에 선루프가 있어서 밤에 별을 볼 수도 있어요. 냉장고가 있고 음료수를 마시거나 과자를 먹을 수 있어요.

방탄차는 무엇일까요?

방탄차는 방탄 장치를 한 자동차예요. 대부분은 방탄유리와 방탄 성능이 있는 차체로 차에 탄 사람을 보호해요. 권총탄부터 박격포까지 방호할 수 있는 성능을 가지는 등 다양해요. 대통령의 차량이나 장갑차 등이 방탄차에 속해요.

뒷좌석: 부통령, 국방부와 연결되는 직통 전화 설치, 경호원 긴급 호출 버튼
특수 보호 장비: 대통령과 같은 혈액형의 혈액 및 각종 무기 보관

트렁크: 산소 공급 장치, 화재 진압 시스템
차체: 철, 알루미늄, 티타늄 합금의 방탄 차체
창문: 9겹의 13센티미터 두께
운전기사: 비밀 정보기관에서 특수 운전 교육 받은 최상위 운전자
운전석: 각종 통신 장비 및 GPS 추적 시스템 장착
타이어: 4개의 타이어가 손상되어도 80킬로미터 속도로 이동 가능
문: 20.3센티미터 두께의 방탄문
차 밑바닥: 폭발물에도 끄떡없는 12.7센티미터 두께의 강화 금속
전면부: 야간 투시 카메라 최루가스 분사 장치

링컨 타운카 리무진
최고 속도 : 180km/h / 무게 : 2,500kg
배기량 : 4,601cc

캐딜락 XTS 리무진 최고 속도 : 247km/h
무게 : 2,323kg / 배기량 : 3,564cc

우크라이나 웨딩 리무진

> 긴 리무진은 장의차에 많이 쓰이고 있어요. 호화로운 편의 사양을 줄이고 많은 사람이 탈 수 있게 했어요.

이륜차 모터사이클&스쿠터

오토바이 또는 모터사이클은 앞뒤로 있는 두 바퀴에 *원동기를 장치하여 그 힘으로 바퀴가 돌아가게 만든 탈것이에요. 원동기를 단 자전거에서 확장해서 발명된 교통수단이지요. 때로는 바퀴가 1개, 3개, 4개, 6개인 것도 존재해요.
스쿠터는 소형 오토바이의 하나로, 원동기를 좌석 밑에 두고 작은 바퀴 둘을 단 탈것이에요. 축전지나 *가솔린 발동기를 사용하여 작동해요.

※은 144쪽 용어 설명 참조.

다임러가 만든 세계 최초의 모터사이클

모터사이클을 처음 만든 사람은?

모터사이클의 최초 발명가는 1885년 독일의 고틀리에프 다임러예요. 자동차와 같은 해에 개발했어요.
20세기 초엔 자동차가 너무 비쌌기 때문에 모터사이클이 더 빨리 보급될 수 있었어요. 또한 제2차 세계 대전 이후로 유럽은 한동안 가난했기에 모터사이클과 사이드카가 많이 애용되었어요.
모터사이클 옆에 1개의 의자가 추가된 사이드카는 제2차 세계 대전 때 전쟁터에서 많이 이용되었어요. 밑의 사진은 제2차 세계 대전 때 이용한 사이드카예요.

DNA모터스 데이스타 (모터사이클)
엔진 형식 : 단기통
무게 : 150kg
배기량 : 124cc

현재 전 세계 모터사이클 판매량 1위의 브랜드는 혼다예요.

두카티 999(모터사이클)
엔진 형식 : 2기통
무게 : 199kg
배기량 : 998cc

할리데이비슨 로드 글라이드(모터사이클)
엔진 형식 : 2기통 / 무게 : 382kg
배기량 : 1,746cc

베스파 946(스쿠터)
엔진 형식 : 단기통 / 무게 : 147kg
배기량 : 150cc

모터사이클은 물론 스쿠터를 탈 때도 반드시 헬멧을 비롯한 안전 장치를 갖추고 타야 해요.

킴코 라이크 EV(스쿠터)
전기 모터 / 무게 : 110kg

전 세계 판매량 2위는 야마하 모터예요.

전기로 움직이는 스쿠터예요.

야마하모터 M-SLAZ(모터사이클)
엔진 형식 : 단기통 / 무게 : 135kg
배기량 : 150cc

DNA모터스 스티저L(스쿠터)
엔진 형식 : 단기통 / 무게 : 155kg
배기량 : 125cc

BMW 모토라드 R18 (모터사이클)
엔진 형식 : 2기통 / 무게 : 345kg
배기량 : 1,802cc

혼다 Moto GP(모터사이클)
엔진 형식 : 단기통 / 무게 : 80kg / 배기량 : 250cc

짐을 싣는 기능이 강조되어 있는 밴

원래 짐을 옮기는 포장이 달린 큰 마차를 ※밴이라고 했어요. 즉 화물을 나르는 포장마차라는 뜻으로, 지붕을 고정해 상자 꼴의 화물실을 갖춘 트럭을 통틀어 일컬어요. 생김새는 ※왜건(세단의 지붕이 뒤까지 수평으로 뻗어 있는 승용차)과 비슷하지만, 사람을 태우는 기능보다는 짐 싣는 기능에 더 많은 무게를 두는 차량이에요. 용도와 모양에 따라서 운전석과 짐칸이 하나로 되어 있는 패널 밴이 있어요. ※은 144쪽 용어 설명 참조.

기아 카니발
무게 : 2,075kg
0 → 100km/h : 9.4초
배기량 : 2,151cc

램 프로마스터
무게 : 4,240kg
배기량 : 3,600cc

밴은 앰뷸런스, 휠체어 리프트, 냉동차, 어린이 탑승차, 캠핑카 등 다양하게 이용돼요.

 쉐보레 익스프레스
무게 : 2,860kg
배기량 : 5,328cc

기아 카니발과 쉐보레 익스프레스는 연예인들의 이동 수단으로 즐겨 애용되어 '연예인 차'로 불려요.

 벤츠 스프린터
무게 : 3,500kg / 배기량 : 2,987cc

 르노 마스터 무게 : 2,050kg
0 → 100km/h : 15초 / 배기량 : 2,299cc

 폭스바겐 크래프터 최고 속도 : 165km/h
무게 : 2,130kg / 배기량 : 2,000cc

현대 스타렉스 무게 : 2,250kg
0 → 100km/h : 11.2초 / 배기량 : 2,497cc

타이어의 종류는 어떤 것이 있나요?

  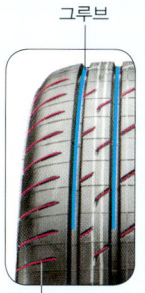

경주용 슬릭 타이어   경주용 웻 타이어   그루브 / 사이프

슬릭 타이어 : 자동차 경주를 할 때 쓰이는 타이어예요. 아무 무늬가 없는 밋밋한 타이어예요. 타이어의 굵은 세로 홈인 그루브가 없어서 도로에 잘 밀착해서 달릴 수 있어요. 맑은 날은 슬릭 타이어를 쓰고 비가 오거나 도로가 젖어 있을 때는 무늬가 있어 홈이 파인 인터미디어트나 웻 타이어를 써요. 이 타이어들은 홈이 있어서 빗길과 같은 젖은 도로에서 미끄러짐과 수막 현상(타이어와 도로 사이에 물의 막이 생기는 현상)을 방지해요.

사계절용 타이어 : 눈이 조금 쌓인 도로나 약간의 진흙길에서 달릴 수 있게 그루브가 새겨진 타이어예요. 모든 기후 조건에 대응할 수 있는 전천후 타이어예요.

겨울용 타이어 : 지그재그 모양의 가는 홈인 사이프(그루브 옆에 있는 작은 틈새)를 최대한 많이 사용해 낮은 온도의 도로와 눈길, 빙판길에서 바퀴가 헛돌지 않고 움직이게 할 수 있는 타이어예요. 사계절용 타이어에 비해 빠르게 달리는 능력이 떨어져요.

사계절용 타이어   겨울용 타이어

많은 사람을 태울 수 있는 대형 자동차 버스

여러 사람을 태울 수 있는 대형 승합자동차로 어원은 라틴어의 '옴니버스'예요. 철도가 없거나 있어도 시원찮은 지역에선 대중교통 수단 중에서 유일하게 버스가 자리 잡고 있어요. 우리나라도 20세기에 도로 교통 위주로 교통망이 발달한 영향으로 버스의 비중이 상당하지요. 지금도 철도가 다니지 않는 도시에서는 버스가 유일한 대중교통 수단이에요.

엠에이엔 버스 (독일)
승차 정원 : 49명 / 배기량 : 10,500cc

현대 그린시티 버스 (대한민국)
승차 정원 : 25명 / 배기량 : 6,798cc

버스는 저상 버스(바닥이 낮고 출입구에 계단이 없는 것), 고상 버스(계단이 있는 것), 2층 버스, 굴절 버스가 있어요.

우리나라 스쿨버스에 규정이 있나요?

학생들의 통학 편의를 위하여 운영하는 스쿨버스는 반드시 황색이어야 해요. 앞면과 뒷면에는 깜빡거리는 각각 2개의 빨간색 표시등과 2개의 노란색 표시등을 설치해야 해요. 또한 승강구(발판 및 보조 발판)를 설치해야 하며, 버스 앞면과 뒷면에 어린이 보호 표지를 부착해야 해요. 한편, 미국의 스쿨버스는 비상문과 비상 창문을 버스가 전복해도 견디는 튼튼한 재질로 제작해요.

스카니아 버스 (인도네시아)
승차 정원 : 70명 / 배기량 : 9,000cc

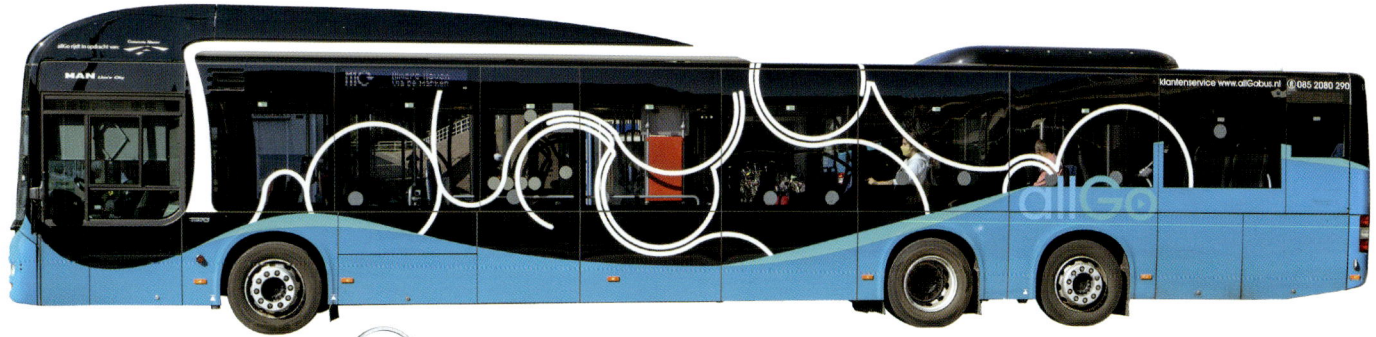
엠에이엔 버스(네덜란드) 승차 정원 : 63명 / 배기량 : 12,800cc

런던 2층 버스
승차 정원 : 64명 / 배기량 : 9,800cc

파키스탄 라호르 버스

2층 버스는 주로 관광용으로 운행해요. 가격은 일반 버스에 비해 비싸요.

현대 유니버스(대한민국)
승차 정원 : 47명 / 배기량 : 12,700cc

볼보 2층 버스(러시아)
승차 정원 : 74명 / 배기량 : 7,700cc

고속 버스나 단체 버스에 주로 이용해요.

기아 그랜버드(대한민국)
승차 정원 : 47명 / 배기량 : 12,742cc

볼보 버스(인도)
승차 정원 : 43명 / 배기량 : 12,800cc

굴절 버스는 길이가 길고 중간에 꺾이는 부분이 있어요.

벤츠 굴절 버스(독일)
승차 정원 : 56명 / 배기량 : 10,700cc

두 개의 바퀴로 달리는 산악 & 일반 자전거

일반적으로 자전거는 사람이 타고 앉아 두 손으로 핸들을 잡고 두 다리로 페달을 교대로 밟아 바퀴를 돌려서 가는 탈것이에요. 페달과 뒷바퀴는 체인으로 연결되어 있어요. 자전거 바퀴 수가 1개면 외발 자전거, 3개면 세발 자전거라고 해요. 산악 자전거는 바위, 나무뿌리, 자갈, 계단, 턱이 많은 산길을 달리는 데 적합한 자전거예요. 따라서 일반 자전거보다 바퀴가 크고 튼튼해요. 비포장 오르막과 내리막을 달릴 수 있는 산악 자전거의 기본형인 크로스컨트리, 험준한 내리막을 안정감 있게 달릴 수 있는 다운힐, 크로스컨트리와 초보적인 다운힐을 모두 소화할 수 있는 올마운틴, 과격한 점프나 높은 곳에서 뛰어내리는 등 거친 주행에 적합한 프리라이드 등으로 나뉘어요.

삼천리 자전거 칼라스 JR-20-7SP
변속 시스템 : 21단 변속 / 무게 : 15kg

산악 자전거
변속 시스템 : 29단 변속

다운힐 산악 자전거
변속 시스템 : 22단 변속

산악 자전거를 타는 모습

자전거 대회도 있나요?

투르 드 프랑스는 가장 오래되고 유명한 도로 사이클 대회예요. 매년 프랑스와 그 주변 나라를 무대로 약 3,500킬로미터의 거리를 3주 동안 쉬지 않고 달리는 대회예요. 그야말로 인간의 한계를 시험하는 극한의 경주지요.
이 대회는 프랑스 스포츠 신문사 로토의 편집장 앙리 데그랑주가 신문 발행 부수를 늘려 보려고 만들었어요. 이 대회의 개최로 1903년에 발행 부수가 고작 2만 5천 부였던 로토는 1933년에 85만 부를 돌파했어요.

최초의 자전거는 무엇일까요?

최초의 자전거는 1817년에 발명된 드라이지네예요. 발로 땅을 차서 움직였어요.

삼천리 자전거 에보니-20-7SP
변속 시스템 : 인덱스 7단 변속 / 무게 : 11kg

접이식 자전거
변속 시스템 : 7단 변속 / 무게 : 12kg

삼천리 전기 자전거 팬텀 EX
모터 : 36V 350W / 무게 : 23kg

어린이 자전거 도토리-18-1SP
무게 : 12.4kg

접이식 자전거
변속 시스템 : 7단 변속 / 무게 : 11kg

전기 자전거
모터 : 36V 350W / 무게 : 21kg

가장 많이 타고 다니는 승용차 세단

우리가 흔히 알고 있는 4개의 문이 있는 승용 자동차예요. 실내에는 2열의 좌석이 있어 4~5명이 탈 수 있고 트렁크가 뒤쪽에 따로 구분되어 있어요. 일반적인 형식으로 가정용, 업무용 외에도 용도가 다양하기 때문에 많이 생산되어요. 미국에서는 세단, 영국에서는 설룬, 프랑스에서는 베를린, 이탈리아에서는 베를리나, 독일에서는 리무지네라고 불러요.

현대 그랜저
최고 속도 : 217km/h / 무게 : 1,635kg
0 → 100km/h : 9초 / 배기량 : 2,497cc

닷지 어벤져
최고 속도 : 200km/h / 무게 : 1,542kg
0 → 100km/h : 12.1초 / 배기량 : 2,630cc

포드 몬데오
최고 속도 : 225km/h / 무게 : 1,725kg
0 → 100km/h : 9.1초
배기량 : 1,995cc

> RV와 비교했을 때 세단은 제동력이 우수하고 주행 안정성이 높아요.

기아 K9 최고 속도 : 250km/h / 무게 : 2,005kg
0 → 100km/h : 7초 / 배기량 : 3,342cc

캐딜락 CTS 최고 속도 : 250km/h / 무게 : 1,675kg
0 → 100km/h : 6.1초 / 배기량 : 1,998cc

> 모든 자동차 중 공기 저항이 가장 작은 차는 *쿠페와 세단이에요.

벤츠 CLS 500 최고 속도 : 250km/h / 무게 : 2,010kg
0 → 100km/h : 4.5초 / 배기량 : 2,999cc

BMW M5 최고 속도 : 250km/h
무게 : 1,950kg
0 → 100km/h : 3.3초
배기량 : 4,395cc

> 세단의 장점은 주행감이 좋다는 거예요.

재규어 XE 최고 속도 : 235km/h / 무게 : 1,722kg
0 → 100km/h : 7.3초 / 배기량 : 1,997cc

아우디 A8 최고 속도 : 250km/h
무게 : 2,180kg / 0 → 100km/h : 5.9초
배기량 : 2,967cc

제네시스 G90
최고 속도 : 250km/h / 무게 : 2,025kg
0 → 100km/h : 6.9초
배기량 : 3,470cc

가솔린 엔진의 장단점

엔진은 동력을 발생시키기 위해 연료를 연소시키는 장치예요. 그래서 자동차에서 엔진은 '자동차의 심장'이라고 할 수 있어요.
가솔린 엔진은 휘발유를 연료로 하는 엔진이에요. 쉽게 연소가 되고, 시동을 걸었을 때 디젤 엔진(경유 또는 중유를 연료로 하는 엔진)에 비해서 조용해요. 디젤 엔진보다 구조가 간단해서 엔진 수리비도 저렴하고, 부품 수도 디젤 엔진에 비해 적어 관리도 편해요. 하지만 가솔린 엔진은 기름값이 비싸고, 연비(자동차의 단위 연료당 주행 거리의 비율)가 낮기 때문에 기름값이 많이 들어요. 승용차는 성능이 뛰어나고 소리와 진동이 적은 가솔린 엔진을 주로 사용해요.

불을 끄고 사람을 구하는 소방차

소방차는 불을 끄는 장비와 사람을 구조하는 장비가 실려 있는 긴급 자동차예요. 언제든지 불이 나면 1분 이내에 소방관 2~5명이 차에 탄 후 출발할 준비가 되어 있지요. 물 또는 불을 끄는 약품, ※유압 절단기, 산소통, 크레인, 쇠 절단기 등이 차에 실려 있어요. 도로에서 출동 중인 소방차를 만난다면 지나갈 수 있도록 양보해 주어야 해요. ※은 144쪽 용어 설명 참조.

MAN 엠에이엔 TGA(서울) 적재 용량 : 3,500kg / 배기량 : 4,600cc

KIA 기아 봉고3(제주도) 적재 용량 : 1,000kg / 배기량 : 2,497cc

불이 났을 때 우리나라는 국번 없이 119로 전화하면 돼요!

소방차의 구조는 무엇일까요?

① **핸들** : 방수포를 작동시키는 장치
② **조명등** : 회전하며 집중된 고강도의 빛을 내뿜는 기구
③ **결합 나사 이음매** : 흡입관을 방수구 또는 물까지 연결시켜 주는 장치
④ **흡입관** : 물에서 방수구까지 물을 나르는 튜브
⑤ **뒷발판** : 펌프차에 오르내리는 장치
⑥ **수납고** : 화재 진압 장비를 넣는 곳
⑦ **방수구** : 물에서 소방차의 펌프까지 물을 이동시키는 데 사용되는 접속구
⑧ **수압계** : 탱크 내부의 수압을 측정하는 장치
⑨ **제어판** : 장비를 작동시키는 각종 조종 장치가 부착된 판
⑩ **방수포** : 강력 물줄기를 내보내는 펌프
⑪ **경광등** : 응급 상황으로 차량이 출동 중임을 알리는 조명 막대

볼보 FMX(헝가리)
적재 용량 : 25,500kg / 배기량 : 10,800cc

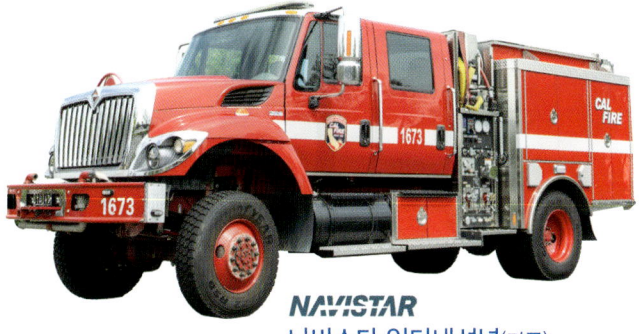
NAVISTAR
나비스타 인터내셔널(미국)
적재 용량 : 17,000kg / 배기량 : 6,600cc

ISUZU 이스즈 엘프(일본)
적재 용량 : 3,500kg / 배기량 : 3,000cc

스카니아 PRT P280(영국)
적재 용량 : 5,000kg / 배기량 : 6,700cc

미국 뉴올리언스 소방차

수소 연료 전지 자동차

수소 연료 전지 자동차(FCEV)는 수소와 산소의 화학 반응을 이용하는 연료 전지로 전기 모터에 전력을 공급해 주행하는 자동차예요. 수소 자동차의 일종으로 스택이라는 연료 전지에서 수소와 산소가 화학 반응을 일으키면서 전기를 발생시키는 원리로 작동해요. 연료 전지를 사용해 전기 모터로 자동차가 구동되며 수소 충전소에서 단 몇 분 만에 수소를 재충전해 사용해요. 수소와 산소가 결합해 에너지를 만든 후 물이 배출되기 때문에 친환경 자동차예요.

토요타 연료 전지 시스템은 연료 전지 기술과 하이브리드 기술을 함께 사용해요.

토요타 미라이 주행 거리 : 502km / 무게 : 1,900kg
최고 속도 : 175km/h / 최고 출력 : 154ps

연료 전지 자동차는 폭발하지 않나요?

수소 연료 전지 자동차의 연료인 수소는 물질 가운데 가장 가벼운 기체예요. 반면 수소 폭탄에 사용되는 중수소, 삼중 수소는 자연 상태에서 극소량(0.015% 이하) 존재하며 1억도 이상의 온도에서 핵융합 반응을 일으켜야 폭발할 수 있어요. 연료 전지 자동차의 수소 탱크는 투과 시험, 극한 온도 반복 시험을 통해서 가스 누출 안전성을 인증받기 때문에 수소 가스 누출의 위험성은 없어요. 또한 폭발 위험성은 LPG보다도 낮아요.

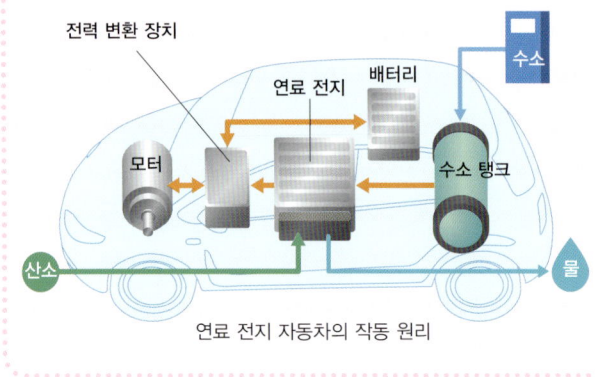

연료 전지 자동차의 작동 원리

벤츠 GLC F-Cell
주행 거리 : 437km / 무게 : 1,875kg
최고 속도 : 165km/h / 최고 출력 : 211ps

현대 투싼 FCEV
주행 거리 : 415km / 무게 : 1,835kg
최고 속도 : 160km/h / 최고 출력 : 136ps

세계 최초의 양산용 상용 수소 전지 트럭! 2020년 스위스에 수출했어요.

혼다 클래리티 주행 거리 : 589km / 무게 : 1,875kg
최고 속도 : 175km/h / 최고 출력 : 170ps

세계 최초의 수소차는 2008년에 생산된 클래리티예요.

현대 엑시언트 FCEV
주행 거리 : 570km
무게 : 28,000kg
최고 속도 : 90km/h
최고 출력 : 470ps

현대 넥쏘 주행 거리 : 609km / 무게 : 1,840kg
최고 속도 : 177km/h / 최고 출력 : 163ps

스피드를 높이는 데에 중점을 둔 스포츠카

레이싱 카가 일반 승용차로부터 확실히 분리, 독립된 1910년 전후에 승용차와 레이싱 카의 중간적인 것으로 태어났어요. 수송 수단인 승용차에 조종의 즐거움을 더한 것으로, 운전 자체가 스포츠가 돼요. 따라서 좋은 좌석, 트렁크, 각종 전등 등의 장비가 필요 없어요. 대신 높은 주행 성능, 조종이 잘되는 성질, 타이어가 땅에 잘 붙는 성질, 잘 멈추는 능력 등이 필요해요.

 파가니 와이라 로드스터
최고 속도 : 360km/h / 무게 : 1,270kg
0 → 100km/h : 2.9초 / 배기량 : 5,980cc

스포츠카는 대부분 2인승이고, 디자인이 멋지며, 매우 빠른 속력으로 전력 질주해요.

 코닉세그 One:1
최고 속도 : 457km/h / 무게 : 1,360kg
0 → 100km/h : 3.3초 / 배기량 : 5,000cc

람보르기니 가야르도 LP560-4
최고 속도 : 324km/h / 무게 : 1,695kg
0 → 100km/h : 4초
배기량 : 5,204cc

애스턴마틴 One-77 최고 속도 : 354km/h / 무게 : 1,630kg
0 → 100km/h : 3.7초 / 배기량 : 7,300cc

부가티 라 부아튀르 느와르 최고 속도 : 420km/h
무게 : 1,888kg / 0 → 100km/h : 2.5초 / 배기량 : 7,993cc

맥라렌 765LT 최고 속도 : 330km/h / 무게 : 1,388kg
0 → 100km/h : 2.8초 / 배기량 : 3,994cc

페라리 엔초 최고 속도 : 350km/h / 무게 : 1,365kg
0 → 100km/h : 3.7초 / 배기량 : 5,998cc

포르쉐 카이맨 GT4 최고 속도 : 320km/h
무게 : 1,485kg / 0 → 100km/h : 3.9초
배기량 : 3,995cc

헤네시 베놈 F5 최고 속도 : 500km/h / 무게 : 1,385kg
0 → 100km/h : 2.6초 / 배기량 : 6,555cc

스포츠카는 차 가격이 비싸고 사고가 나면 큰 피해를 입히기 때문에 세금이 높고, 보험료가 비싸요.

제로백은 무엇일까요? (0→100km/h)

제로백(Zero+100)은 자동차의 속도가 정지 상태인 0킬로미터에서 시속 100킬로미터에 이르는 데 걸리는 시간을 뜻해요. 영어의 zero(제로, 숫자 0)와 숫자 100을 조합한 말이지요. 한마디로 자동차의 가속 능력을 나타내는 말이에요. 영어권 국가에서는 거리를 나타내는 단위를 킬로미터보다는 마일을 주로 사용하기 때문에 (0→60mi)로 나타내요.

쓰레기를 수거하는 쓰레기 수거차

쓰레기만 수거해 가는 차량이에요. 다양한 종류의 쓰레기를 효율적으로 거두기 위해 개발되었어요. 압착 진개차, 압축 진개차, 암롤 트럭 등이 있어요.

암롤 트럭은 통째로 적재함을 떼어 내서 다른 빈 적재함을 실어요.

벤츠 악트로스(재활용 수거)
출력 : 238ps / 배기량 : 7,700cc

현대 마이티 암롤 트럭(재활용 수거)
출력 : 150ps / 배기량 : 2,999cc

벤츠 악트로스(쓰레기 수거)
출력 : 320ps / 배기량 : 10,700cc

현대 메가 트럭 압축 진개(쓰레기 수거)
출력 : 270ps
배기량 : 6,300cc

쓰레기 수거차가 쓰레기통을 들어 올리는 모습.

스카니아 PRT레인지(쓰레기 수거)
출력 : 400ps
배기량 : 6,700cc

윙바디&일반 화물 자동차

윙바디는 *유압이나 *공압 실린더를 사용해 적재함의 덮개를 들어 올릴 수 있는 트럭이에요. 윙카 또는 윙탑이라 부르며, 주로 아시아 문화권에서 흔하게 볼 수 있어요. 적재함이 접혀서 열리는 방식이 많은 유럽과 일반 박스 트럭 방식이 많은 북미, 오세아니아에서는 보기 힘든 구조예요. 일반 화물 자동차는 사람이 탑승하는 자리를 최소화하고 화물을 운송하기 위한 장치가 설치된 자동차예요. 1톤 이하의 경우 용달차라고도 불러요.

*은 144쪽 용어 설명 참조.

램 트럭스 1500 출력 : 305ps
최대 적재량 : 1,052kg / 배기량 : 3,600cc

화물을 운송하기 위한 장치가 설치된 자동차예요.

기아 봉고Ⅲ 출력 : 131ps
최대 적재량 : 1,000kg / 배기량 : 2,497cc

적재함이 날개처럼 열려서 윙박스 트럭이라고 부르기도 해요.

시노트럭 하오워 윙바디
출력 : 371ps / 최대 적재량 : 25,000kg

현대 포터Ⅱ 윙바디 출력 : 133ps
최대 적재량 : 1,000kg / 배기량 : 2,497cc

세계에서 제일 비싼 자동차는 무엇일까요?

1955년형 300 SLR 울렌하우트 쿠페가 1811억 원에 낙찰됐어요. 메르세데스 수석 엔지니어 루돌프 울렌하우트의 이름을 딴 이 자동차는 휘어진 날개처럼 올라가는 문 때문에 '걸윙'이라 불리며 전 세계에 단 두 대밖에 없어요. 이 자동차는 경주 대회 출전을 위해 1955년 개발된 레이싱 카로, 최고 속도는 시속 186킬로미터예요.

전기 에너지로 달리는 전기 자동차

자동차의 동력 에너지를 *가솔린 또는 전기 에너지로부터 얻는 자동차예요. 전기 자동차에는 하이브리드, 수소 연료 전지, 순수 전기차가 있어요. 순수 전기차는 전기 에너지의 힘으로 움직이는 자동차예요. 따라서 배기 가스가 전혀 없고, 소음이 아주 작은 장점이 있어요. 1996년 GM의 EV1이 출시되었고, 2009년에는 미쓰비시가 아이미브를 출시했어요.

테슬라 모델 X 최고 속도 : 250km/h / 무게 : 2,360kg
0 → 100km/h : 3.9초 / 주행 거리 : 478km

아우디 e-tron 최고 속도 : 200km/h / 무게 : 2,640kg
0 → 100km/h : 5.7초 / 주행 거리 : 291km

> 테슬라는 2008년에 전기차 출시 후 세계 전기차 시장에서 판매량 1위 업체가 되었어요!

포르쉐 타이칸 GTS 최고 속도 : 250km/h
무게 : 2,315kg / 0 → 100km/h : 3.7초 / 주행 거리 : 327km

롤스로이스 스펙터 　최고 속도 : 250km/h　/　무게 : 2,975kg
0 → 100km/h : 4.5초　/　주행 거리 : 520km

푸조 e-208 　최고 속도 : 131km/h　/　무게 : 1,510kg
0 → 100km/h : 8.1초　/　주행 거리 : 280km

> 전기 자동차는 내연 기관 자동차에 비해 약 500kg 정도 더 무거워요.

기아 EV6 　최고 속도 : 260km/h　/　무게 : 2,160kg
0 → 100km/h : 3.5초　/　주행 거리 : 342km

제네시스 GV60 　최고 속도 : 235km/h　/　무게 : 1,985kg
0 → 100km/h : 4초　/　주행 거리 : 451km

현대 아이오닉 5 　최고 속도 : 185km/h　/　무게 : 1,840kg
0 → 100km/h : 5.2초　/　주행 거리 : 336km

벤츠 EQV 　최고 속도 : 160km/h　/　무게 : 2,635kg
0 → 100km/h : 12.1초　/　주행 거리 : 450km

전기 자동차는 비 오는 날 안전한가요?

사람들 중에는 비가 오거나 물에 젖으면 전기 자동차에 감전될 수 있다고 생각하는 사람이 있어요. 사실 비가 오는 날 전기차를 충전해도 감전될 가능성은 매우 낮아요. 번개가 내리쳐도 타이어를 통해 번개가 땅으로 흡수되기 때문에 자동차의 내부는 안전해요. 또한 전기 자동차의 배터리에는 수분 감지 센서가 있어서 배터리에 물이 스며들면 센서가 자동으로 작동해서 전원이 강제로 꺼지도록 설계되어 있어요.

겨울철 눈을 치우는 제설차

눈을 치우는 자동차예요. 특히 겨울철, 도로에 눈이 많이 쌓여 있을 때 도로 위에 쌓인 눈을 치워 줘요. 일반 트럭에 각종 제설 장비를 장착하여 움직여요. 차량 앞쪽에 눈을 밀어내는 도저 블레이드와 화물칸에 염화칼슘 살포기를 장착한 차량들이 많아요. 눈을 갈아 날려 보내는 스노우 블로워 같은 특수 장비들도 종종 볼수 있어요.

스노우 블로워

도로 위의 눈을 치우는 제설차예요.

우리나라는 강원도, 울릉도에 제설차가 많아요.

눈을 갈아서 날려 보내는 스노우 블로워예요.

보청 제트 브롬 9600

제설차가 스키장의 눈을 정리하고 있어요.

자동차의 미래는?

조비 에비에이션의 eVTOL S4

오늘날 도로에 넘치는 자동차로 인해 이동 시간이 길어지고, 물건을 배달하거나 운반하는 데 드는 물류 비용이 증가하고 있어요.

최근 이러한 도심 교통 체증의 문제점을 해결하기 위해 떠오른 것이 '선진 항공 교통(Advanced Air Mobility)'이에요. 흔히 *AAM(에이에이엠)이라고 하는데, 기존 도심 항공 교통인 UAM(유에이엠)이 도심 교통 혼잡 문제만을 해결하는 도심 교통 체계였다면, AAM은 도심 교통 혼잡 문제는 물론 섬과 산간 지역의 교통 접근성까지 개선할 수 있는 전동 수직 이착륙 기체예요. 도심 항공 택시, 화물 드론뿐 아니라 구급 비행기, 소방 비행기로도 쓰일 계획이에요.

우리나라는 SKT, KT, LGU⁺에서 AAM 상용화를 위해 노력하고 있어요. 특히 SKT와 협력하는 미국 조비 에비에이션은 최고 수준의 속도인 시속 322킬로미터, 비행 거리 241킬로미터 기록을 보유하고 있어요.

헬리콥터는 소리가 시끄럽고 기름을 사용해서 움직이다 보니 환경 오염의 문제가 있어서 활용할 수 없게 되었어요.

*PAV(Personal Air Vehicle)는 도심에서 활주로 없이 수직 이착륙이 가능한 개인 항공기로, 내장된 연료 전지와 배터리로 모터를

에어버스 전기 항공기 E-Fan

돌려 움직이기 때문에 탄소 배출이 거의 없어요. *eVTOL(electric Vertical Take-Off and Landing)은 수직 이착륙을 하는 전기 비행체예요.

세계 각국이 AAM의 상용화에 힘쓰고 있는 가운데, 버스나 택시 정류장처럼 이착륙장을 설치할 수 없어 국가마다 대형 건물의 옥상, 공원 등을 수직 이착륙 비행장으로 검토하고 있어요.

팝업넥스트
팝업넥스트는 하늘을 날다가 도로를 달릴 수도 있는 신개념 수송기예요. 한마디로 드론과 전기 자동차의 결합이지요. 자동차 제조사 아우디와 항공기 제조사 에어버스가 만나 개발했어요. 사람이 타는 공간 모듈, 땅에서 운전하는 드라이브 모듈, 하늘을 비행하는 플라잉 모듈 세 가지로 구성되어 있어요. 그래서 드론과 자율 주행 전기 자동차가 필요에 따라 합체와 분리를 반복할 수 있어요. 비행 시 완충 시간 15분, 1회 충전으로 최대 비행 거리 60킬로미터, 최고 비행 속도는 시속 120킬로미터예요.

팝업넥스트는 드론과 전기 자동차의 결합이에요.

현대자동차의 UAM 기체 S-A1

현대자동차의 *버티포트(수직 이착륙장) 콘셉트 디자인

현대자동차의 자율 주행 자동차

자율 주행 자동차는 무엇일까요?
자율 주행 자동차란 사람이 운전하지 않아도 스스로 달리는 자동차를 말해요. 자동차에서 자율 주행 개념은 1960년대에 벤츠를 중심으로 시작되었어요. 2010년대에는 차선 이탈 방지 시스템, 차량 변경 제어 기술, 장애물 회피 제어 기술을 이용하여 출발지와 목적지를 입력하면 최적의 주행 경로를 선택하여 스스로 주행하도록 하는 자율 주행 기술 연구가 급속하게 이루어져 상용차에 부분적으로 장착되고 있어요. 2040년에는 전 세계 차량의 약 75%가 자율 주행 자동차로 바뀔 것으로 예상하고 있어요.

명차의 품격 최고급 수공 차

코치도어
앞문과 뒷문이 서로 마주보며 열려요. 탑승객이 차에서 내리거나 탈 때, 공간이 넉넉해서 이용이 편리해요.

롤스로이스 팬텀 EWB
최고 속도 : 250km/h / 무게 : 2,740kg
0 → 100km/h : 5.3초 / 배기량 : 6,749cc

롤스로이스

롤스로이스는 1906년 3월 15일에 설립한 영국의 최고급 수공 자동차 제조사 브랜드로 현재 독일의 BMW 그룹에 속해 있어요. 당시 출시된 자동차가 성에 차지 않았던 헨리 로이스는 완벽한 차를 만들겠다는 열망으로 자신이 직접 자동차를 제작하여 1904년에 로이스 10이라는 견본품 차량을 내놓았어요. 자동차 회사이자 비행기 엔진 회사의 시작이었어요.

롤스로이스의 모든 차는 4,000가지 외장 컬러와 20만 가지 실내 베니어(얇은 나무 판) 조합 등 맞춤 디자인 프로그램이 따로 있어요. 차 한 대의 가격은 8억원이 넘어요.

최고급 수공 차들은 차의 무게가 무거운데도 기술력이 뛰어나서 매우 빨리 달릴 수 있고, 승차감도 좋아요.

차의 길이가 무려 6,499mm!

메르세데스 마이바흐 S 650 풀만 최고 속도 : 250km/h
무게 : 2,450kg / 0 → 100km/h : 4.7초 / 배기량 : 5,980cc

메르세데스 마이바흐

메르세데스-AMG와 함께 메르세데스-벤츠의 고급 라인업을 담당하고 있어요. 1919년부터 메르세데스의 차량을 바탕으로 최고급 차량을 제작하기 시작한 마이바흐는 제2차 세계 대전으로 1941년에 차량이 단종되었어요.

그 후 2002년에 60년 만에 새로운 차량을 내놓았어요. 3대 명차라는 이름답게 고객 한 사람 한 사람마다 전담 판매 담당자가 배정되어 고객의 주문과 성향에 맞게 차량을 받을 수 있도록 시스템이 갖춰져 있어요.

벤틀리 로고 속 양 날개의 깃털 수가 왼쪽은 10개, 오른쪽은 11개로 서로 달라요.

벤틀리

영국의 월터 오웬 벤틀리가 1919년 7월 10일에 설립한 영국의 최고급 수공 자동차 제조사이자 그 브랜드예요. 현재 독일의 폭스바겐 그룹에 속해 있어요. 회사의 슬로건은 '좋은 차, 빠른 차, 최고의 차'로 '빠름'에 집중하고 있어요.

벤틀리 보닛 마스코트
*엠블럼은 '플라잉 B'라고 불러요. 도난 방지 시스템이 있어서 살짝만 건드려도 바로 차 안으로 쏙 들어가요.

벤틀리 뮬산 최고 속도 : 306km/h / 무게 : 2,743kg
0 → 100km/h : 4.8초 / 배기량 : 6,750cc

차 주인이 비에 젖지 않도록 문 안에 크롬 몰딩된 우산이 들어 있어요. 버튼을 누르면 튀어나와요.

환희의 여신상이에요. 도난 방지를 위해 충격이 가해지면 라디에이터 그릴 뒤쪽의 빈 곳으로 쏙 들어가요.

캠핑카 & 캠핑 트레일러

캠핑카는 차 안에 화장실, 부엌, 침실 등 각종 생활 시설을 갖춘 차량이에요.
미국이나 캐나다, 유럽에서는 휴가철이면 차를 이용해 멀리 여행을 가는 경우가 많아요.
이때 매번 캠핑 장비를 챙기는 것은 귀찮은 일이라 차에 시설을 갖춰 놓은 것이지요.
캠핑 트레일러는 일반 자동차에 차 안에 화장실, 부엌, 침실이 설치되어 있는 *트레일러를 연결한 것으로, 자동차와 트레일러를 탈부착할 수 있어요.

※은 144쪽 용어 설명 참조.

집값이 비싼 나라에선 캠핑카를 집처럼 사용하는 사람도 있어요.

FIAT 피아트 두카토 캠핑카 출력 : 140ps
무게 : 1,905kg / 배기량 : 2,287cc

현대 스타렉스 *캠퍼밴
무게 : 2,250kg
배기량 : 2,497cc

아드리아 코랄 캠핑카
출력 : 130ps
최대 적재량 : 439kg
배기량 : 2,497cc

ISUZU 이스즈 엘프 *모터홈 출력 : 190ps / 배기량 : 5,193cc

컨테이너 화물 자동차

트럭 또는 트랙터 등의 자동차 뒷부분에 쇠로 만들어진 큰 상자인 컨테이너를 실어 운반하는 자동차예요. 화물 수송에 주로 쓰이는 컨테이너는 짐 꾸리기가 편하고 운반이 쉬우며, 안에 들어 있는 화물을 보호할 수 있는 장점이 있어요.

르노 T
출력 : 380ps / 배기량 : 10,800cc

MAN TGA(F1 레이싱 팀의 트레일러)
출력 : 310ps / 배기량 : 10,500cc

컨테이너 박스나 강판 코일을 운반하는 경우가 많아요.

MACK 맥 피나클 출력 : 425ps / 배기량 : 11,000cc

볼보 VNL 출력 : 325ps / 배기량 : 10,800cc

컨테이너가 크고 무거워서 트럭도 대형 트럭이 많아요.

스카니아 R450 출력 : 450ps
적재 용량 : 28,000kg / 배기량 : 12,742cc

지붕을 접었다 폈다 할 수 있는 컨버터블

※쿠페(차 높이가 낮고, 문이 2개이며, 지붕이 뒤로 갈수록 낮아지는 차량)형 승용차를 기본으로 하여, 지붕을 떼어 내거나 접었다 폈다 할 수 있게 만든 자동차예요. 지붕의 개폐 방식에 따라 손으로 접었다 폈다 하는 방식과 스위치를 누르면 ※유압이나 전동기에 의하여 자동으로 움직이는 방식이 있어요. 지붕 재질을 천과 같이 부드러운 것으로 만들면 '※소프트톱', 딱딱한 재료로 만들면 '※하드톱'이라고 해요. ※은 144쪽 용어 설명 참조.

크라이슬러 세브링
최고 속도 : 200km/h / 무게 : 1,595kg
0 → 100km/h : 11초 / 배기량 : 1,968cc

BMW M3 컨버터블
최고 속도 : 250km/h / 무게 : 1,830kg
0 → 100km/h : 5.1초 / 배기량 : 3,999cc

지붕을 열면 기후나 환경의 영향을 많이 받아요. 주로 날씨가 맑고 화창한 날에 열어요.

강력한 추진력을 내는 자동차지만 차체는 가벼운 게 특징!

포르쉐 718 박스터 S
최고 속도 : 285km/h / 무게 : 1,385kg
0 → 100km/h : 4.4초 / 배기량 : 2,497cc

애스턴마틴 V8 밴티지 로드스터
최고 속도 : 290km/h / 무게 : 1,710kg
0 → 100km/h : 4.9초 / 배기량 : 4,735cc

벤츠 SL500 컨버터블
최고 속도 : 250km/h / 무게 : 1,890kg
0 → 100km/h : 4.3초 / 배기량 : 4,663cc

최신 컨버터블은 좌석에 열선이 내장되어 있고 목 뒤에서 따뜻한 바람이 나오는 에어스카프 기능이 있어서 한겨울에도 지붕을 열 수 있어요.

트라이엄프 스핏파이어 Mk.IV
무게 : 779kg / 배기량 : 1,296cc

렉서스 LC 컨버터블
최고 속도 : 270km/h / 무게 : 2,060kg
0 → 100km/h : 4.6초 / 배기량 : 4,969cc

재규어 F-타입 최고 속도 : 250km/h / 무게 : 1,650kg
0 → 100km/h : 5.7초 / 배기량 : 1,997cc

마세라티 MC20 첼로 최고 속도 : 320km/h / 무게 : 1,715kg
0 → 100km/h : 3초 / 배기량 : 2,992cc

뒷자리로 갈수록 천장 높이가 낮은 쿠페

2도어 2인승으로 천장의 높이가 뒷자리로 갈수록 낮은 승용차예요. 뒷자리에 1인용의 접이식 의자를 두어 어린이나 반려동물을 태울 수 있어요. 앞좌석에 우선해 일상적인 분위기로 디자인하지만, 세단의 뒷부분을 바꾼 것도 있어요. 트렁크가 있는 *노치드 쿠페와 맨 뒷부분까지 지붕으로 연결되는 *패스트백 쿠페가 있어요. *은 144쪽 용어 설명 참조.

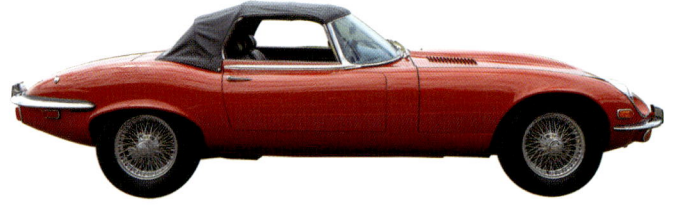

JAGUAR
재규어 E-타입 쿠페 최고 속도 : 240km/h / 무게 : 1,119kg
0 → 100km/h : 7.3초 / 배기량 : 3,781cc

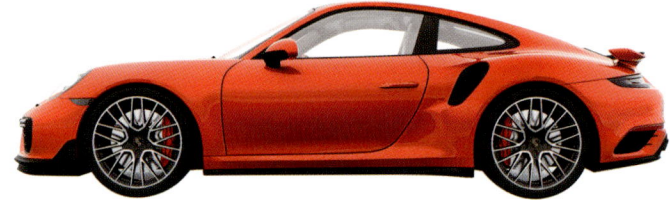

포르쉐 911 터보S 최고 속도 : 330km/h / 무게 : 1,650kg
0 → 100km/h : 2.7초 / 배기량 : 3,745cc

역사상 가장 아름다운 차 100선에서 1위를 차지했어요!

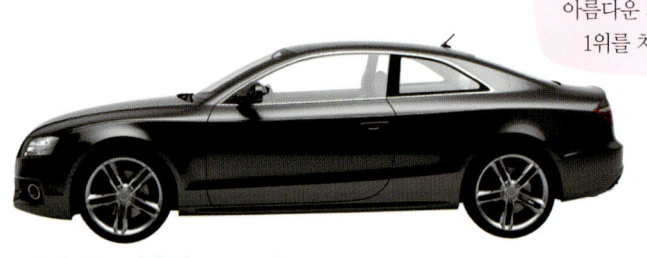

아우디 A5 쿠페 최고 속도 : 210km/h / 무게 : 1,645kg
0 → 100km/h : 5.5초 / 배기량 : 1,984cc

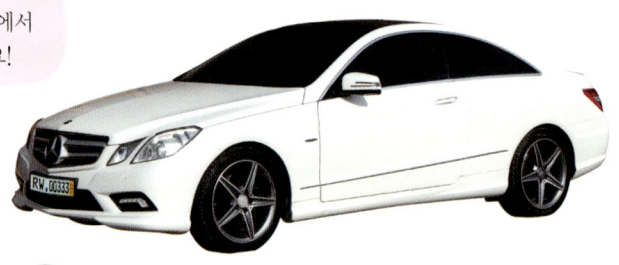

벤츠 E250 쿠페 AMG 최고 속도 : 243km/h / 무게 : 1,643kg
0 → 100km/h : 7.8초 / 배기량 : 1,991cc

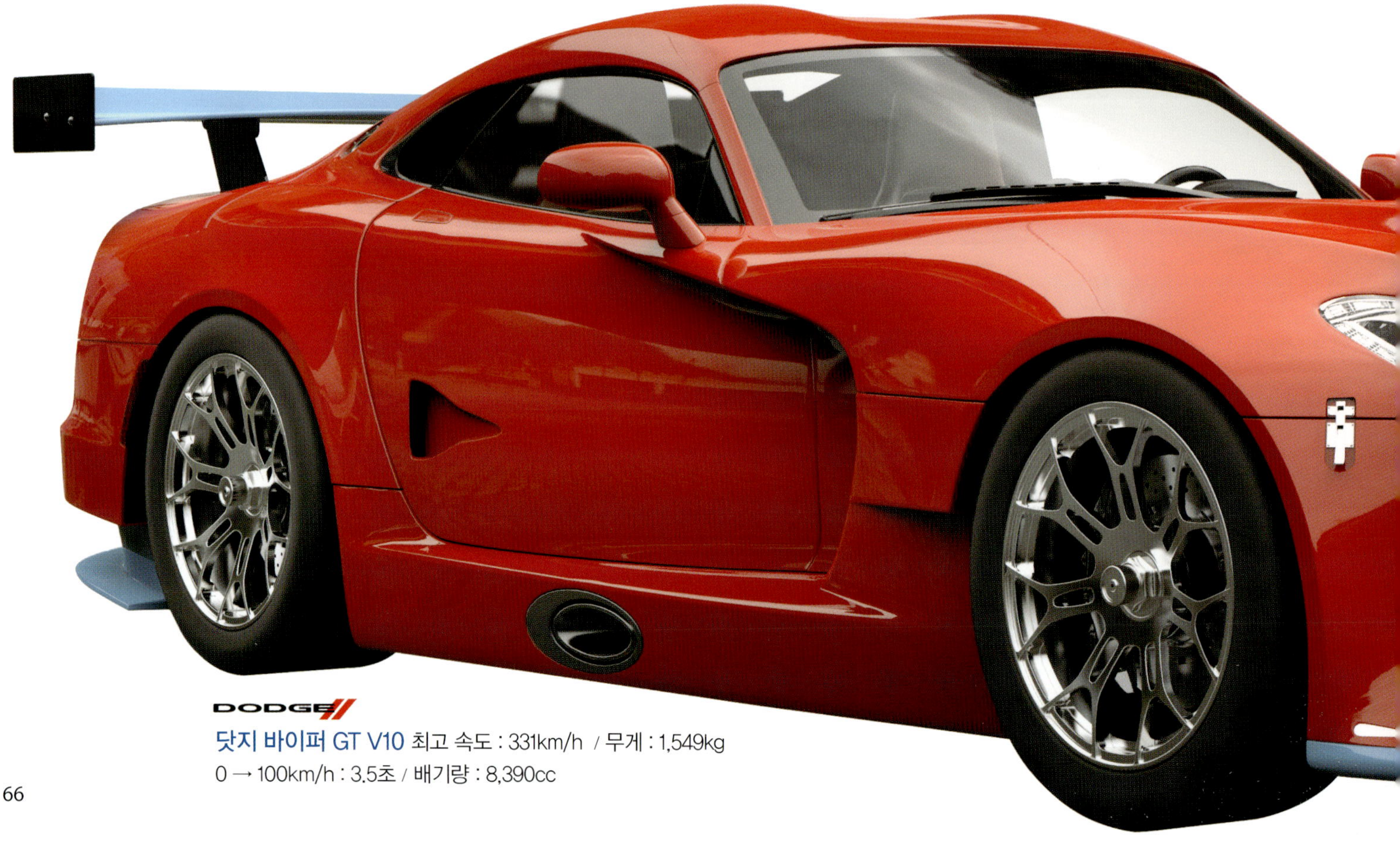

DODGE
닷지 바이퍼 GT V10 최고 속도 : 331km/h / 무게 : 1,549kg
0 → 100km/h : 3.5초 / 배기량 : 8,390cc

포드 머스탱 GT500 최고 속도 : 290km/h / 무게 : 1,795kg
0 → 100km/h : 3.5초 / 배기량 : 5,035cc

토요타 수프라 최고 속도 : 250km/h / 무게 : 1,525kg
0 → 100km/h : 4.3초 / 배기량 : 2,998cc

> 영화 '트랜스포머'에 나온 노란색 범블비와 같은 차량이에요.

제네시스 쿠페 최고 속도 : 245km/h / 무게 : 1,525kg
0 → 100km/h : 7.2초 / 배기량 : 1,998cc

쉐보레 카마로 SS 최고 속도 : 306km/h / 무게 : 1,715kg
0 → 100km/h : 4초 / 배기량 : 6,162cc

> 쿠페는 디자인을 중요시하고 운전의 재미를 추구해요.

BMW M2 쿠페
최고 속도 : 250km/h
무게 : 1,590kg
0 → 100km/h : 4.3초
배기량 : 2,979cc

4행정 내연 기관은 무엇일까요?

자동차의 내연 기관(엔진)은 4행정 기관으로 이루어져 있어요. ①흡입→②압축→③동력(폭발)→④배기의 과정을 통해 폭발 에너지가 운동 에너지로 바뀌는 거예요.

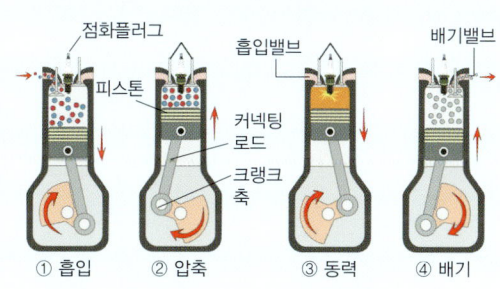

① 흡입 ② 압축 ③ 동력 ④ 배기

① 흡입 : 피스톤이 내려가면서 혼합기를 흡인해요.

② 압축 : 흡입 행정 완료 후 흡입, 배기 밸브가 닫힌 상태에서 피스톤이 올라가면서 흡입된 혼합기가 압축되며 압력과 압축 열이 높아져요.

③ 동력 : 압축 행정이 완료되기 직전, 점화 플러그의 불꽃에 의해 압축된 혼합기가 폭발하게 되면 그 폭발력에 의해서 피스톤이 압력을 받아 내려가며 커넥팅 로드를 통하여 크랭크 축을 회전시켜요.

④ 배기 : 흡입 밸브는 닫혀 있고 배기 밸브가 열려 있는 상태에서 피스톤이 상승하게 되면 연소한 가스는 실린더 밖으로 배출돼요.

농작물을 베고 낟알을 터는 농기계 콤바인

농작물을 베는 일과 탈곡하는 일을 동시에 하는 농업 기계예요. 논밭 위를 주행하면서 벼·보리·밀 등의 곡물을 벤 뒤 낟알을 떨어내고, 선별하는 일을 하는 데 사용해요. 콤바인이라는 명칭은 베는 작업과 탈곡 작업을 동시에 수행한다는 뜻이에요. 콤바인 덕에 농부들은 힘든 농사일로부터 수고를 덜게 되었어요.

넓은 평야에서 작물을 수확을 하는 콤바인이에요.

클라스 렉시온 콤바인
출력 : 790ps

뉴 홀랜드 콤바인
출력 : 830ps / 무게 : 15,800kg

콤바인이 곡물을 수확하고 있어요.

무거운 물건을 들어 올리는 크레인

기중기라고도 해요. 무거운 물건을 들어 올려 아래위나 수평으로 이동시키는 일을 해요. 크레인은 기계 장치 중에서도 가장 먼저 고안된 것으로, 이미 약 5000년 전 고대 이집트에서 피라미드를 만들 때 무거운 물건 운반용으로 사용되었어요. 처음에는 사람 또는 가축이 사용되었으나 나중에는 수력이 사용되었고, 19세기 중엽부터는 *증기 기관의 발달과 더불어 증기 동력이 사용되어 모빌 크레인도 나타났어요.

항구에서 사용하는 제일 큰 크레인으로, 6.1미터 컨테이너 6개를 한 번에 들어 올릴 수 있어요.

슈퍼 포스트 파나맥스 크레인
무게 : 2,000t

갠트리 크레인

조선소와 항구에서 사용하는 크레인이에요. 조선업에서는 골리앗 크레인이라고 불러요.

트럭 적재식 크레인

수평 하중 크레인

비가 와도 안전하게 짐을 운반하는 탑차

지붕이나 뚜껑이 있는 화물 자동차를 말해요. 일반적으로 화물칸이 네모 모양이고 옆면에 미닫이문이 있어요. 화물칸의 지붕은 열리지 않는 폐쇄식이어서 윗부분이 뚫린 카고트럭과 달리 화물이 날씨의 영향을 덜 받아요. 또한 화물칸이 폐쇄식이라는 특성상, 냉각기를 장착하여 냉장, 또는 냉동 화물 운반에 사용되기도 해요. 단 폐쇄식이기 때문에 화물을 실을 때 동선을 잘못 짜면 안쪽에 위치한 화물을 꺼내기가 곤란해요.

기아 봉고3 냉동 탑차
무게 : 1,820kg / 배기량 : 2,497cc

DAF XF 출력 : 440ps
무게 : 9,604kg / 배기량 : 10,800cc

세계에서 제일 빠른 트럭은 무엇일까요?
볼보트럭이 세계에서 가장 빠른 트럭을 완성했어요. 볼보 아이런 나이트는 13.7초 만에 500미터(속도 : 131km/h)를, 21.3초에 1,000미터(속도 : 169km/h)를 주파하며 새로운 기록을 세웠어요. 거리에 상관없이 기록한 최고 속도는 시속 276킬로미터에 이르러요.

벤츠 아테고
출력 : 240ps / 배기량 : 7,700cc

MAN TGS 출력 : 320ps / 배기량 : 9,000cc

태양 에너지로 움직이는 태양광 자동차

태양광 자동차는 자동차 표면에 장착한 태양광 패널로부터 태양광 에너지를 공급받는 자동차예요(솔라 시스템). 태양광 패널은 주 동력이 아닌 보조 동력으로 전기차의 배터리를 충전하거나, *내연 기관 자동차의 작동을 돕는 보조 동력으로 사용되고 있어요. 지속 가능하고 연료비가 들지 않는 장점이 있어요. 최초의 태양광 자동차는 1955년 차체에 태양광 전지판을 단 형태로 제작된 GM의 썬모바일이에요. 1985년 이후 태양광 에너지를 차량 표면의 태양광 패널로부터 공급받는 전기 자동차 경주인 태양광 자동차 경주 대회가 열리고 있어요.

※은 144쪽 용어 설명 참조.

2022년 남아프리카 공화국에서 열린 태양광 자동차 경주에서 1위를 차지한 네덜란드 브루넬(Brunel) 팀의 태양광 자동차.

2017년 프랑스 샤르트르에서 열린 태양광 자동차 경주에 출전한 프랑스 팀의 태양광 자동차.

태양광 패널이 태양열을 많이 받으려면 최대한 평평하게 자동차에 붙여야 해요.

2022년 남아프리카 공화국에서 열린 태양광 자동차 경주에 출전한 벨기에 아고리아(Agoria) 팀의 태양광 자동차

태양광 자동차 경주
태양광 전지는 연료를 다른 곳에 쓰지 않고 오로지 운전에만 쓸 수 있어서 태양광 손실률이 낮아요. 해외 유명 대학들은 최신 기술을 동원해 태양광 자동차 연구 과제를 추진하고 적극적으로 대회에 참가하고 있어요.

세계에서 제일 빠른 수륙 양용차는 무엇일까요?
수륙 양용차란 물과 땅 모두에서 다닐 수 있게 만든 자동차예요. 육지와 바다 사이를 이동할 때 탈것을 매번 바꾸면 불편하므로 차량으로 해결할 수 있게 만든 차예요. 세계에서 제일 빠른 수륙 양용차는 워터카의 파이썬이에요. 지상 최고 속도는 시속 204킬로미터, 제로백은 4.5초예요. 물에서는 500마력의 워터 제프 엔진을 사용하며, 수중 최고 속도는 시속 96킬로미터를 자랑해요. 육지를 달리다 멈춤 없이 물에 뛰어들 수도 있어요.

2022년 남아프리카 공화국에서 열린 태양광 자동차 경주에서 3위를 차지한 남아프리카 공화국 티유티(TUT) 팀의 태양광 자동차

원하는 곳까지 태워다 주는 영업용 자동차 택시

택시는 요금을 받고 원하는 곳까지 태워다 주는 영업용 자동차예요. 국내에서는 영업 허가를 받고 노란색 영업용 번호판을 단 승용차 또는 승합차가 사용되며 정해진 노선이 없고 시간과 거리에 따라 요금이 정해져요. 택시의 유래는 19세기 영국의 마차로 탑승 인원이 1~2인승으로 마부가 지붕 위 뒤편에 타는 구조로, 무게 중심이 안정되어 다른 마차보다 속도가 빨랐어요.

현대 쏘나타(대한민국) 최고 속도 : 230km/h / 무게 : 1,570kg
0 → 100km/h : 8.7초 / 배기량 : 1,998cc

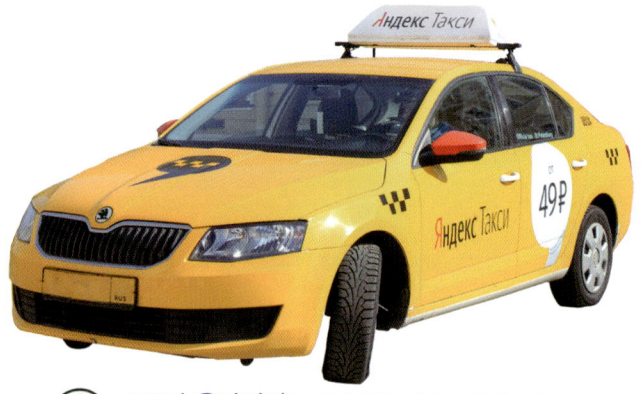

스코다 옥타비아(러시아) 최고 속도 : 224km/h
무게 : 1,752kg / 0 → 100km/h : 7.8초 / 배기량 : 1,395cc

한 대의 차로 법인 택시는 최대 8년, 개인 택시는 최대 11년까지 사용할 수 있어요.

기아 K5(대한민국)
최고 속도 : 220km/h / 무게 : 1,440kg
0 → 100km/h : 7.3초
배기량 : 1,591cc

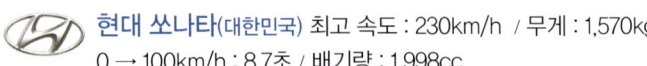

 토요타 크라운 컴포트(도쿄) 최고 속도 : 180km/h
무게 : 1,500kg / 배기량 : 2,954cc

 폭스바겐 제타(카타르) 최고 속도 : 233km/h
무게 : 1,594kg / 0 → 100km/h : 7.6초 / 배기량 : 1,968cc

영국의 택시 블랙캡!

 런던EV컴퍼니 TX(런던)
주행 거리 : 607km / 전기 모터 : 150ps / 배기량 : 1,500cc

1970년대 '툭툭'이에요. 툭툭은 트라이시클(삼륜 오토바이)에서 시작되었어요.

 다이하츠 미젯(태국)
최고 속도 : 60km/h / 무게 : 306kg / 배기량 : 249cc

 토요타 캠리(두바이) 무게 : 1,560kg
0 → 100km/h : 8.5초 / 배기량 : 2,487cc

두바이 택시 요금은 다른 나라의 유명 관광지와 비교할 때 훨씬 더 저렴해요.

뉴욕의 명물, 옐로캡!

 포드 크라운 빅토리아(뉴욕)
무게 : 1,840kg / 0 → 100km/h : 7.8초
배기량 : 4,606cc

세계에서 제일 작은 자동차는 무엇일까요?

영국의 필 엔지니어링사가 만든 삼륜차 '필 P50'이에요. 전체 길이 134센티미터, 폭 99센티미터에 불과한 P50의 무게는 겨우 59.8킬로그램! 성인 남성 한 명의 체중보다도 가벼워요. 49cc 가솔린 엔진을 장착했으며 3단 변속 기어를 사용해 시속 60킬로미터까지 속도를 낼 수 있어요. 후진은 되지 않지만 쇼핑백처럼 차를 끌고 다닐 수 있는 손잡이가 뒷면에 달려 있어요.

액체나 기체를 담아 운반하는 탱크로리

액체와 기체(가스)를 운반하기 위한 목적으로 만들어진 트럭이에요. 후방에 장착된 탱크에 각종 석유류나 가스류, 그리고 알코올, 벤젠, 염산, 수산화나트륨 등의 산업용으로 사용되는 화학류 액체부터 물, 우유 등의 식용 액체, 폐유 같은 산업폐기물 및 분뇨 수거까지 운반하는 차량이에요. 탱크 용량은 대체로 2~24톤 정도예요.

MAN TGX 출력 : 440ps
적재 용량 : 18,000L / 배기량 : 12,400cc

벤츠 악트로스 출력 : 400ps
적재 용량 : 18,000L / 배기량 : 10,700cc

현대 포터 주유용 탱크로리
적재 용량 : 1,375L / 배기량 : 2,497cc

DAF XF 출력 : 367ps
적재 용량 : 25,000L / 배기량 : 10,800cc

스카니아 R450 출력 : 450ps
적재 용량 : 28,000L / 배기량 : 12,742cc

농작업에 도움을 주는 트랙터&이앙기

트랙터는 무거운 짐이나 농기계를 끄는 특수 자동차로, 미국에서 농경용으로 발달하였어요. 경작용 쟁기, 써레, 수확기 등을 견인하는 농작업에 많이 사용되고 있어요. 이앙기는 못자리나 어린모 상자에서 자란 모를 논에 옮겨 심는 기계예요. 이앙기에 의한 이앙을 하려면 우선 이앙기에 알맞은 모를 길러야 해요.

Kubota 구보다 이앙기
중량 : 881kg / 예비묘 탑재수 : 8조(상자)
출력 : 24.6ps / 배기량 : 1,123cc

트랙터

YANMAR 얀마 이앙기
중량 : 760kg / 예비묘 탑재수 : 8조(상자)
출력 : 21.3ps / 배기량 : 903cc

이앙기에 모가 자라 있는 모판을 싣고 논에 모를 심는 모습이에요.

엔진과 모터를 장착한 하이브리드 자동차

*내연 기관의 *엔진과 전기 자동차의 모터를 동시에 장착하는 등 일반 차량에 비해 유해 가스 배출량을 획기적으로 줄이고 연비를 늘린 자동차예요. 전기 모터는 차량 내부에 장착된 고전압 배터리로부터 전원을 공급받고 배터리는 자동차가 움직일 때 다시 충전돼요. 차량 속도나 운전 상태에 따라 엔진과 모터의 힘을 적절하게 제어해 효율이 좋아졌어요. 그러나 자동차의 구조가 복잡하고 무거워서 고장이 나면 수리가 어려워요.

※은 144쪽 용어 설명 참조.

국산차 중에는 2009년 아반떼와 포르테 하이브리드가 최초였어요.

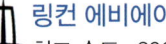 링컨 에비에이터 하이브리드
- 최고 속도 : 200km/h
- 무게 : 2,685kg
- 0 → 100km/h : 6.7초
- 배기량 : 2,956cc

렉서스 RX450h
- 최고 속도 : 180km/h / 무게 : 2,175kg
- 0 → 100km/h : 7.7초
- 배기량 : 3,456cc

 기아 쏘렌토 하이브리드
- 최고 속도 : 230km/h / 무게 : 1,775kg
- 0 → 100km/h : 8.2초 / 배기량 : 1,598cc

하이브리드 자동차는 풀, 마일드, 플러그인 하이브리드로 종류가 다양해요.

플러그인 하이브리드란?

전기 모터와 석유 엔진을 함께 사용해 달리는 자동차를 말해요. 자체 엔진과 발전기에서 생산한 전기만을 저장하여 달리는 하이브리드 자동차에 외부 전기 콘센트에 플러그를 꽂아 충전할 수 있어요. 또한 달리다 충전한 전기가 다 떨어지면 가솔린 엔진으로 달릴 수 있어요. 하이브리드 자동차보다 진일보했지만, 가솔린 엔진도 사용하기 때문에 완벽한 친환경 자동차는 아니에요.

BMW 하이브리드 엔진 구조

 미쓰비시 아웃랜더 하이브리드 최고 속도 : 135km/h
무게 : 1,605kg / 0 → 100km/h : 8.2초 / 배기량 : 2,399cc

 현대 투싼 하이브리드 최고 속도 : 190km/h
무게 : 1,590kg / 0 → 100km/h : 8.6초 / 배기량 : 1,598cc

> 토요타 프리우스는 1997년 세계 최초로 양산형으로 나온 풀 하이브리드 자동차예요.

 포르쉐 918 스파이더 최고 속도 : 345km/h
무게 : 1,685kg / 0 → 100km/h : 2.8초 / 배기량 : 4,593cc

 토요타 프리우스 최고 속도 : 180km/h
무게 : 1,390kg / 0 → 100km/h : 6.7초 / 배기량 : 1,798cc

> 마일드 하이브리드는 하나의 모터가 엔진 보조 역할만 하는 자동차예요.

혼다 어코드 하이브리드
최고 속도 : 185km/h / 무게 : 1,570kg
0 → 100km/h : 6.8초 / 배기량 : 1,993cc

좁은 골목길도 잘 지나다니는 해치백

차체 뒤쪽에 위아래로 여닫을 수 있는 문이 있는 승용차예요. 문을 열면 객실의 뒷좌석과 바로 연결돼요. 밖에서 볼 때 뒤쪽에 문이 있어 *해치백이라는 이름이 붙었어요. 트렁크 덮개와 뒷유리가 붙어 있어서 트렁크와 유리가 함께 열려요. 그래서 트렁크 덮개만 열리는 노치백과 구분되어요. 엔진룸과 객실 겸 트렁크인 2개의 룸으로 되어 있어서 해치백을 '2박스 차'라고도 해요. *은 144쪽 용어 설명 참조.

마쓰다 3 최고 속도 : 209km/h / 무게 : 1,368kg
0 → 100km/h : 8.7초 / 배기량 : 1,496cc

아우디 A1 최고 속도 : 200km/h / 무게 : 1,250kg
0 → 100km/h : 9.4초 / 배기량 : 1,598cc

해치백 중에서도 빠르고 운동 성능이 좋은 고성능 모델을 핫해치라고 해요.

기아 모닝
최고 속도 : 186km/h / 무게 : 910kg
0 → 100km/h : 15.1초
배기량 : 998cc

골프는 1974년 출시 이후 무려 3,500만 대가 팔려서 누적 판매량 3위를 달성했어요.

 오펠 코르사 최고 속도 : 208km/h / 무게 : 1,158kg
0 → 100km/h : 8.7초 / 배기량 : 1,199cc

폭스바겐 골프 최고 속도 : 250km/h
무게 : 1,493kg / 0 → 100km/h : 6.2초 / 배기량 : 1,984cc

BMW M135i 최고 속도 : 250km/h / 무게 : 1,590kg
0 → 100km/h : 4.7초 / 배기량 : 1,998cc

 쉐보레 스파크 최고 속도 : 165km/h / 무게 : 900kg
0 → 100km/h : 16.0초 / 배기량 : 999cc

트렁크룸을 없앤 형태의 자동차예요.

현대자동차는 WRC 대회에 i20을 기반으로 한 자동차를 개조해서 출전해요.

미니 클럽맨 최고 속도 : 205km/h
무게 : 1,480kg / 0 → 100km/h : 9.2초
배기량 : 1,499cc

현대 i20 무게 : 1,065kg
배기량 : 998cc / 최고 속도 : 230km/h
0 → 100km/h : 6.7초

자동차는 어떤 부품이 있나요?

제동 장치 : 달리는 자동차의 속도를 줄이거나, 정지시키거나, 주차 상태를 유지하기 위해 사용되는 장치.

현가장치 : 스프링 작용에 의해 차체의 무게를 지지함과 동시에 바퀴의 상하 진동을 완화시키고, 화물의 충격으로 인한 망가짐을 방지하며 한쪽 부분에 많은 무게가 가해지지 않도록 하기 위한 장치.

조향 장치 : 자동차의 진행 방향을 바꾸기 위하여 앞바퀴의 회전축 방향을 조절하는 장치.

엔진 : 동력을 발생시키기 위해 연료를 연소시키는 장치

알쓸신잡

자동차 브랜드는?

VOLKSWAGEN GROUP

폭스바겐 폭스바겐은 독일어로 국민차라는 뜻이에요. 1937년 설립되었고 고급차와 스포츠카 브랜드를 많이 보유하고 있어요.

두카티 　람보르기니　 포르쉐　 폭스바겐

벤틀리　 아우디　 부가티

나비스타인터내셔널　 네오플란

세아트　 스코다　 스카니아　 엠에이엔

HYUNDAI MOTOR GROUP

현대 1967년 설립된 대한민국 자동차 산업을 대표하는 브랜드예요. 소형 경차부터 초대형 트럭까지 전 차종을 생산하는 몇 안 되는 기업이에요.

현대　 기아

제네시스　 현대 N

HONDA

혼다 일본의 자동차 브랜드로 1948년에 설립되었어요. 오토바이 생산으로도 유명하지만 로봇과 제트기도 만들 정도로 기술력이 뛰어나요. 그래서 '기술의 혼다'라는 별명을 가지고 있어요.

혼다　 아큐라

혼다 오토바이

TATA MOTORS

타타 인도 최대 기업 타타 그룹의 자동차 브랜드로 1945년 설립되었어요. 2008년 재규어, 랜드로버를 인수하고 2004년 우리나라 대우의 트럭 부문을 인수했어요.

타타대우모빌리티　 재규어 랜드로버

재규어　 랜드로버　 타타자동차

TOYOTA

토요타 일본의 자동차 브랜드로 1937년 설립되었어요. 전 세계적으로 판매 점유율이 높은 기업이에요.

렉서스　 다이하츠　 히노자동차　 토요타

RENAULT NISSAN MITSUBISHI

르노 닛산 미쓰비시 르노는 프랑스를 대표하는 자동차 브랜드로 1899년 설립되었어요. 지금은 일본의 닛산과 미쓰비시와 연합하였어요.

미쓰비시　 인피니티

닛산　 르노　 니스모

알핀　 베누시아　 다치아

Mercedes-Benz Group

메르세데스-벤츠 세계 최초로 자동차를 만든 독일 브랜드예요. 소형 경차부터 대형 트럭까지 전 차종을 생산하는 회사예요.

메르세데스 마이바흐 / 메르세데스 벤츠 / 메르세데스 AMG / 스마트

스텔란티스 스텔란티스란 '별에 둘러싸여 있는 차량'이라는 뜻이에요. 이탈리아계 미국 기업 피아트-크라이슬러-오토모빌스와 프랑스 기업 PSA 그룹의 합병으로 세워진 기업이에요.

마세라티 / 푸조

아바스 / 램 트럭스 / 피아트 / 란치아

알파 로메오 / DS / 복스홀 / 오펠

닷지 / SRT

크라이슬러 /  지프 / 시트로엥

GM 정식 명칭은 제너럴 모터스예요. 1908년 미국에서 설립되었어요. 169개국에서 자동차를 판매하는 세계적인 다국적 기업이에요.

GMC / 쉐보레

캐딜락 / 뷰익 / 브라이트드롭

비야디 2003년에 설립되어 전기 자동차를 비롯하여 이차 전지, 태양광 패널, ESS 등을 생산하고 있어요. 이차 전지 시장에서 2023년부터 세계 점유율 2위를 기록하고 있어요.

BYD Auto / 덴자 / 양왕

 포드  링컨

포드 1903년 설립한 미국의 자동차 브랜드예요. 세계에서 최초로 자동차를 대량 생산할 수 있는 생산 라인을 개발, 도입한 회사예요.

페라리 1939년 설립된 이탈리아의 고급 스포츠카 기업이에요. 창업자는 엔초 페라리로 F1 대회에 출전하는 레이서였어요.

테슬라 2003년 미국에서 설립된 테슬라는 전기 자동차 및 배터리, 자율 주행 소프트웨어를 제조하는 기업이에요. AI를 필두로 한 소프트웨어 분야는 업계 최상위권이에요.

BMW 1916년 설립된 독일의 자동차 브랜드예요. 처음에는 비행기 엔진을 만드는 회사로 출발했으나 오토바이를 만들고 자동차를 만들기 시작했어요.

미니 / BMW M / BMW

롤스로이스 /  JCW /  알피나 /  BMW 모토라드

지리 1986년 설립된 중국의 자동차 브랜드예요. 중국 자체 브랜드로는 가장 큰 회사예요.

볼보 / 링크앤코 / 폴스타 / 지커

지리

로터스 / 런던EV / 프로톤 / 지오메트리

KG모빌리티 옛 쌍용자동차예요. 과거에는 체어맨, MPV, 버스, 덤프트럭 등을 생산했으나 현재는 SUV와 픽업트럭을 생산, 판매해요.

스즈키 1909년 설립된 일본의 유명 제조 회사 중 하나예요. 자동차, 모터사이클, 전동 휠체어, 레저 보트, 요트 등을 제조, 판매하고 있어요.

화물 상자를 실어 나르는 컨테이너선

항공기를 싣고 다니는 군함, 원자력 항공 모함

개인이 소유하는 값비싼 호화 요트

제2장
물 위를 오가는 대단한 배

그랜드 케이맨 제도의 크루즈선

모터를 달아 빠르게 달리는 요트

잠수함과 군함을 공격하는 미국의 제이슨 던햄 구축함

양쪽 노를 번갈아 젓는 카약

낚시나 수상 스키를 즐길 수 있는 모터 요트

배의 역사 탐험

인류 최초의 배는 기원전 6000년경 나무, 갈대, 동물 가죽 등을 엮어 만든 뗏목이에요. 뗏목은 단순히 물에 뜨는 것이 목적이었지요. 그 후 도구를 사용할 수 있게 된 인간은 나무를 다듬어 지금의 배와 비슷한 모양을 만들었어요. 기원전 3000년경 고대 이집트에서는 배에 돛을 달아 바람의 힘으로 배가 빨리 이동하도록 했어요. 또한 판자로 배를 만들었어요.

돛의 기술 역시 발전하여 13세기에는 바람의 힘만으로 움직이는 범선이 등장했어요. 먼바다를 항해하기 위한 범요선과 범선의 등장은 15~16세기 대항해 시대를 여는 기회가 되었어요.

을 이용해 바람의 힘을 이용해야 했어요. 완전히 증기의 힘으로 항해를 한 것은 1838년 대서양을 건넌 영국의 시리우스호였어요.

이 무렵 철을 뽑아내는 새로운 방법이 알려지면서 배를 만드는 재료가 나무에서 철로 바뀌었어요. 그리하여 1843년에 최초의 철제 증기선이 등장하였어요.

타이타닉호 만들었을 당시 세계 최대의 여객선이었지만, 1912년 빙산과 충돌 후 바닷속으로 가라앉았어요.

고대 그리스에서는 돛대를 크게 발전시켰고, 기원전 500년 무렵에는 노를 젓는 사람들을 3층으로 배치한 트라이림이 등장했어요.

700년대부터 1000년 무렵까지 북유럽에서는 바이킹 배가 발달했어요. 바이킹 배는 배 밑에 선체를 받치는 길고 큰 나뭇조각을 붙여 배가 흔들리는 것을 막고, 조정하기도 쉽게 했어요.

1500년대에는 갤리언이라는 범선이 등장했어요. 내부 공간이 더 넓어진 갤리언은 무거운 대포를 많이 실을 수 있어서 군함이나 화물선으로 주로 사용되었어요.

1769년 *증기 기관이 개발되면서 1807년 최초의 상업용 증기선이 만들어졌어요. 더 이상 배는 사람이 노를 젓지 않아도 움직이게 되었어요. 그러나 아직까지는 돛

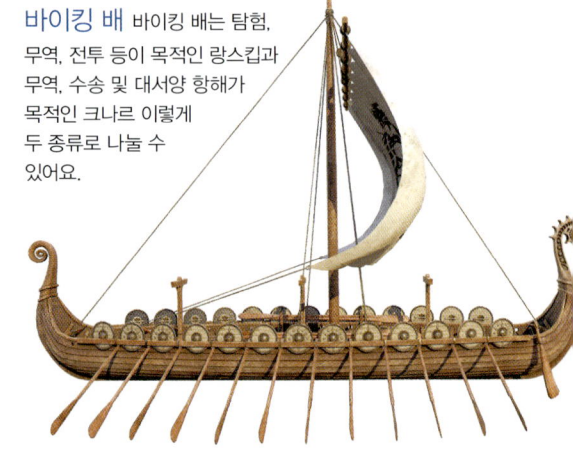

바이킹 배 바이킹 배는 탐험, 무역, 전투 등이 목적인 랑스킵과 무역, 수송 및 대서양 항해가 목적인 크나르 이렇게 두 종류로 나눌 수 있어요.

※은 144쪽 용어 설명 참조.

갤리언 폭과 전체 길이의 비가 1:4로 길고, 배가 물 위에 떠 있을 때 물에 잠겨 있는 부분의 깊이가 얕기 때문에 속도가 더 빠르면서도 동시에 안정성이 높아요.

는 대형 여객선. 1940년대 후반부터는 화물선이 바다를 지배하고 있어요.

우리나라의 경우 언제부터 배를 이용했는지 역사가 분명하지 않아요. 하지만 삼면이 바다로 둘러싸여 있어 일찍부터 배를 물 위의 중요한 교통수단으로 이용했어요.

특히 1960년대 이후 우리나라의 조선 기술은 엄청난 발전을 이루어 현재 세계 최고의 '선박 왕국'으로 인정받고 있어요.

> 타이타닉호에 승선한 인원은 약 2,200명, 희생자 수는 1,513명! 배가 거대한 빙산을 스치고 지나가면서 배에 큰 구멍이 나서 침몰했어요. 더구나 구명 보트가 승선한 인원의 절반밖에 준비되어 있지 않아서 희생자가 많이 발생했어요.

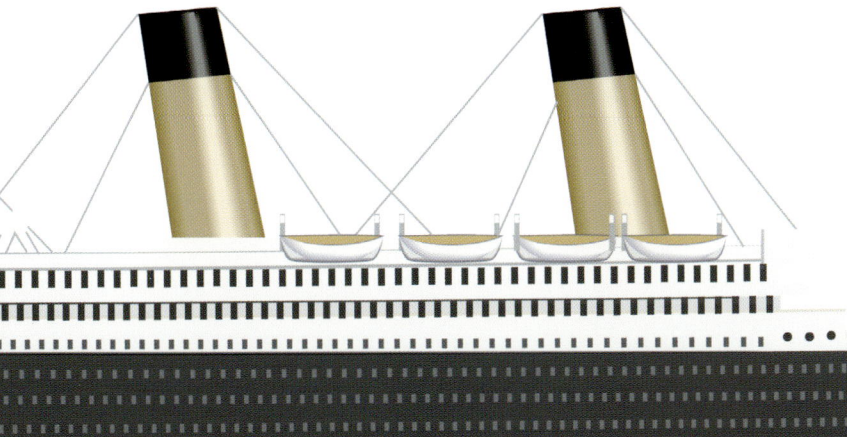

증기선 증기의 힘으로 동력을 발생시키는 증기 기관을 단 배를 일컫는 말이에요.

20세기에 이르러 석탄이나 석유를 사용하는 디젤 기관선이 등장했어요. 제2차 세계 대전을 거치며 발달한 군함 제작 기술은 사람과 짐을 나르는 배 제작에도 이용되었어요. 그리하여 초대형 배들이 등장하게 되었어요.

오늘날에는 석유나 액화 천연가스를 이용한 ※디젤 기관으로 배를 움직여요. 1940년대 후반까지

가스를 운반하는 가스 운반선

액화 가스를 수송하는 배예요. 액화 가스 운반선은 액화 프로판이나 액화 부탄을 전문적으로 수송하는 *LPG선과 천연 가스를 수송하는 *LNG선으로 나눌 수 있어요. LPG선 중에는 원유를 증류하여 얻은 석유 가스를 액체로 만들어 운반하기도 해요. 또한 일부 LNG선은 천연 가스를 액체로 만들 수 있는 장치도 있어요. 가스 운반선은 상온에서 액화 가스가 기체로 변하는 것을 억제하는 특수 장치가 꼭 필요해요. *은 144쪽 용어 설명 참조.

전 세계에서 LPG선을 만들 수 있는 회사는 4개 회사밖에 없어요. 우리나라도 만들 수 있지요.
LNG선은 폭발의 위험이 있으므로 조심해서 운항해야 해요.

신항로 발견은 무엇일까요?

15세기에서 16세기에 걸쳐 유럽에서는 신항로 개척과 신대륙 발견이 활발하게 이루어졌어요. 유럽인들은 항해술을 발전시켜 아메리카로 가는 항로와 아프리카를 돌아 인도와 동남아시아, 동아시아로 가는 항로를 발견했어요. 이후 에스파냐의 콜럼버스가 유럽-아메리카 항로 개척, 포르투갈의 바스쿠 다가마가 아프리카 남쪽 끝 탐방을 통한 인도 항로 개척, 포르투갈의 페르디난드 마젤란이 세계 일주 항해를 했어요.

가스 운반선에서 가장 중요한 것은 액화 가스를 담아 수송하는 탱크. 액화 가스의 변화를 막기 위해 탱크는 완벽한 용접과 보온 작업이 필요해요.

잠수함을 공격하는 작고 날렵한 구축함

잠수함을 잡는 군사용 배예요. 잠수함보다 빠르고 잠수함을 탐지하는 *소나(수중 레이더)와 잠수함 공격용 *폭뢰(잠수함을 공격하는 무기), *어뢰(함선을 공격하는 미사일) 등을 갖추고 있어요. 여기에 군함에서 발사하는 함대함 *미사일과 화포 등 무기들도 갖추고 있어요. 넓은 바다에서 독자적으로 전투를 할 수 있는 군함으로 *순양함보다는 크기가 작고, 최대 운항 거리도 짧아요.

러시아 구축함

구축함은 1893년 영국에서 처음 만들었어요.

대한민국 이순신 구축함

미국 스텔스 구축함

태국 크라부리 구축함

우리나라는 1963년에 구축함을 수입했지만, 1998년에 직접 만들어, 현재 12척을 보유 중이에요.

중국 구축함

영국 구축함

레저용으로 쓰이는 보트&요트

요트는 구경, 항해, 경주에 쓰이는 속도가 빠른 서양식의 작은 배예요.
원래는 돛을 달아 바람을 받아 움직이는 것만을 의미했으나, 기술이 발전하면서
모터를 달아도 취미용이면 모두 요트라고 불러요.
보트는 돛이 없는 소형 배예요. 경기용, 오락용 혹은 구조용이 있어요.
노로 젓거나 장대로 밀거나 모터를 달은 배들도 있어요.

호화 요트 매우 값이 비싼 개인 소유 요트를 말해요. 길이 24미터 이하와 그 이상으로 분류하는데, 길이 24미터 이상인 요트는 상근직 선원이 있어야 해요.

태국 모터 요트

크로아티아 모터 보트

모터 보트

호화 요트

요트

보트 종류는 낚시용 보트, 구조용 보트, 땅콩 보트, 모터 보트, 포경선을 따라다니는 보트, 항구에 들어오는 배를 안내하는 보트, 페달을 발로 밟아서 가는 보트, 페리 보트, 집처럼 생활하는 하우스 보트 등 다양해요.

원래 요트는 돛을 달아 바람을 이용해 움직이는 것을 말했는데, 요즘은 돛 없이 모터로 움직여도 취미용이면 모두 요트라고 해요.

모터 요트

모터로 달리는 보트! 보트 뒤에 로프를 연결해서 수상 스키를 즐길 수 있어요.

요트 경기도 있을까요?

요트 경기의 시작은 1661년 찰스 2세가 그의 동생과 37킬로미터 코스를 100파운드의 상금을 걸고 레이스를 펼친 것입니다. 요트는 하계 올림픽 및 아시안 게임 정식 종목이에요. 올림픽 개최 종목은 11개 정도지만, 세계선수권대회는 98개의 세부 종목이 있어요. 바다 위에 부표(마크)를 띄워 표시한 코스를 정해진 시간 안에 빨리 달린 순서대로 순위를 정해요.

상륙 작전에 쓰는 상륙 수송함

배에서 육지로 오르는 작전을 위한 인원, 장비, 보급품을 나르는 일을 하는 함정이에요. 함정의 헬기, 상륙하는 작은 배를 이용하여 적의 해안에 상륙하며, 보통 500~600명 정도의 상륙군이 타요. 물건을 실은 양, 배 속력, 전투 장비, 배의 짐칸 및 기중기의 능력 면에서 다른 화물선보다 우월해요. 비행 갑판과 격납고, ※웰도크(배 안에 물을 채워 배를 살짝 가라앉혀서 소형 상륙정이 쉽게 나갈 수 있게 하는 장치)를 갖추고 있어요.

※은 144쪽 용어 설명 참조.

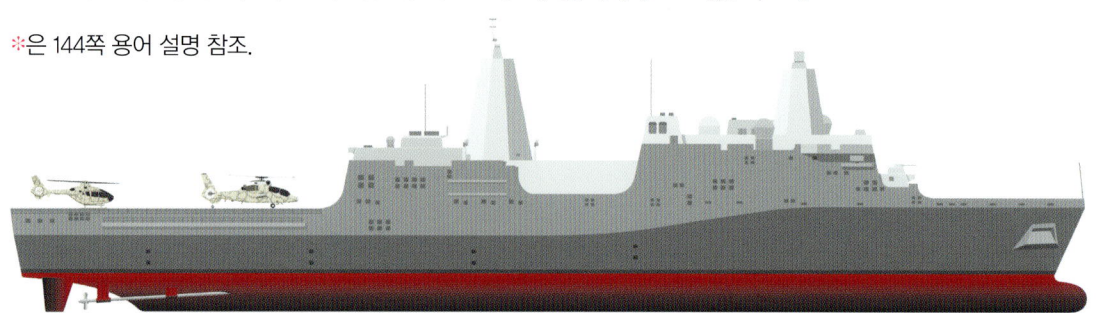 

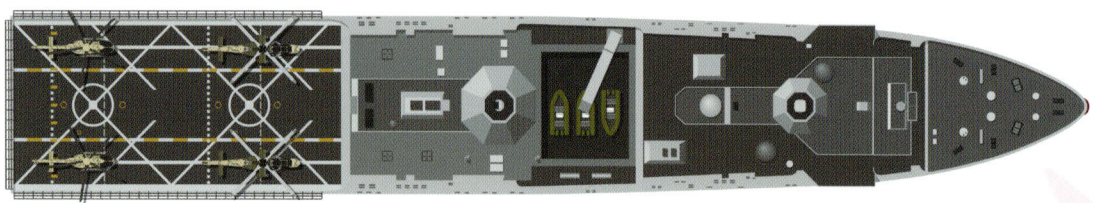

미국 샌안토니오급 상륙 수송함

전 세계 9개국 해군에서 상륙 수송함을 쓰고 있어요. 재난 구조, 국제 평화 유지 활동, 재외국민 철수 등 다양한 임무를 수행해요.

미국의 샌안토니오급 상륙 수송함은 공격 수송함, 탄약 수송함, 화물 수송함으로 나뉘어요. 배의 몸체는 9·11 테러로 세계무역센터가 무너졌을 때 잔해 속에 있던 철강 약 8톤을 되살려 넣었어요.

미국 상륙 수송함

호주 캔버라급 상륙 수송함

러시아 상륙 수송함

얼음을 깨 뱃길을 만드는 쇄빙선

얼어붙은 바다나 강의 얼음을 깨뜨려 배가 지나다닐 수 있도록 뱃길을 만드는 배예요. 미국형은 배의 앞부분에도 프로펠러가 있어서 얼음 표면 밑의 물을 빼서 얼음을 깨뜨려 부수는 것을 쉽게 해요. 유럽형은 얼음 표면상에 올려서 쇄빙하는 것과 배 앞부분을 얼음 표면에 충돌시켜 쇄빙하는 것이 있어요. 프로펠러는 배 뒷부분에만 있어요.

쇄빙선은 다른 배에 비해 특수한 형태를 띠고 있어요. 먼저 얼음에 갇혀도 벗어나는 것이 가능하고 배가 부서지지 않도록 둥근 형의 배 모양을 하고 있어요. 또한 항로의 폭을 넓게 하는 데 편하도록 길이에 비해 앞머리 폭이 넓은 형태로 설계된 것이 많아요. 또 뒤쪽에는 강력한 추진 기관을 달고 있어요.

①이물(배 앞부분) : 뱃머리의 강화된 부분으로, 그 무게로 얼음을 깨뜨린 뒤 얼음을 밀어 뱃길을 만들어요.
②고물(배 뒷부분) 프로펠러 : 강력한 엔진으로 움직이는 스크루로, 쇄빙선을 밀어 앞으로 내보내요.

세계 최초의 쇄빙선은 1864년 러시아에서 만든 파일럿호예요. 우리나라 최초의 쇄빙선은 아라온호입니다.

핀란드 쇄빙선

그린란드 쇄빙선

쇄빙선의 원리는 무엇일까요?
쇄빙선은 빙판을 올라타 배의 무게로 얼음을 깨뜨려요. 얼음을 잘 깰 수 있게 무게 중심을 앞쪽에 두어요. 따라서 뱃머리를 매우 두꺼운 강철판으로 무겁게 만들며 승객칸도 주로 앞쪽에 위치해요. 그런데 배가 빙판 위로 너무 올라서면 얼음판 위에 배가 걸릴 수 있어요. 그래서 뱃머리 아래에 쇄빙선이 얼음판 위로 완전히 올라타지 못하게 하는 장치가 달려 있어요.

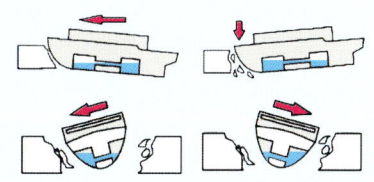

일본 쇄빙선

호주 쇄빙선

시추선&반잠수식 시추선

시추선은 바다 밑바닥에 구멍을 뚫어 석유 탐사에 쓰는 특수한 배예요. 해저 아래에 있는 석유나 가스를 파낼 수 있도록 구멍을 파는 장비를 갖추고 있어요. 일반 시추선은 상대적으로 안전성이 나쁘고 뱃값이 비싸지만 이동이 쉽고 탱크 용량이 커요. 반잠수식 시추선은 네모난 몸체에 4~6개의 다리가 달린 모양이에요. 보기에는 아주 커 보이지만 실제 내부 탱크 용량은 심해 시추용인 드릴십(일반 배 가운데 시추 장비가 달린 모양)의 1/3 정도예요.

반잠수식 시추선과 드릴십 시추선

드릴십 시추선은 움직임은 자유롭지만 안정성이 약해요. 수심 1,000미터 이상에서 석유를 채굴하는 시추선이에요.

반잠수식 플랫폼

반잠수식 시추선은 가장 흔히 볼 수 있는 시추선으로 네모난 몸체에 4~6개의 다리가 달린 모양이에요. 보통 리그선이라고 불러요.

반잠수식 시추선

세계에서 제일 큰 배는 무엇일까요?

네덜란드와 영국의 합작 정유 회사인 로열더치쉘은 세계 최초로 부유식 천연가스 시추, 저장, 운송 설비인 프렐류드 FLNG를 완성했어요. 이 해양 플랜트(바다 위에 설치하여 천연가스, 석유 등의 천연자원을 뽑아내는 일련의 구조물)는 우리나라의 삼성중공업과 프랑스 테크닙사가 공동으로 만들었어요. 예전에는 천연가스를 바닷속에서 채굴하면 해저 파이프라인을 통해 육지의 처리 시설로 보냈어요. 하지만 프렐류드 FLNG는 채굴해서 저장까지 바다에 뜬 채 작업을 끝낼 수 있어요. 프렐류드 FLNG는 길이 488미터, 폭 74미터로 세계 최대 규모의 물에 뜨는 설비예요. 축구 경기장 4개를 합한 크기와 같고, 저장 탱크 용량은 올림픽 수영장 175개에 해당하는 규모예요.

유조선과 다른 배를 끄는 예인선

유조선은 많은 양의 원유, 중유, 경유 등의 석유류와 유해한 액체 물질을 용기에 넣어 옮기는 배예요. 유조선은 운반하는 물질의 종류에 따라 세 가지로 분류할 수 있어요. 원유를 운반하는 원유 운반선, 원유를 가공한 석유 제품을 싣는 석유 제품 운반선, 화학 제품을 운반하는 화학 제품 운반선 등이지요. 이중에서 원유 운반선의 크기가 가장 커요. 유조선을 처음 만든 것은 1877년 스웨덴의 루드비그 노벨이에요.
예인선은 강력한 기관이 장착된 배로 다른 배를 끌어서 조종하거나 구조하는 데 사용하는 배예요.

세계에서 제일 큰 유조선은 자르 바이킹이에요. 56만 톤의 원유를 실을 수 있고 길이는 458미터나 돼요.

유조선을 옆에서 본 모습이에요.

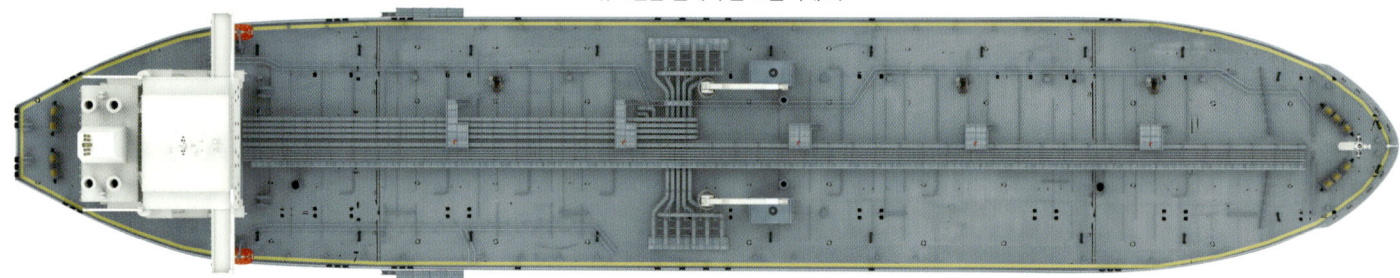
유조선을 위에서 본 모습이에요.

↑↓ **유조선** 물건을 가득 실은 상태로 수송하고, 되돌아갈 때는 비어 있는 상태로 가면서 화물유 탱크를 씻어요.

← **예인선** 크기는 작지만 매우 강력한 엔진이 장착되어 있어서 큰 배를 끌고 갈 수 있어요.

자동차를 싣는 자동차 운반선

바퀴가 달린 화물, 즉 자동차나 트럭을 직원이 직접 운전하여 배에 싣고 운반할 수 있게 만든 배예요. 차량이 자체 동력으로 승·하선을 할 수 있어 *로로(RORO, Roll-On Roll-Off)선이라고 불러요. 승용차만 실을 수 있는 PC선, 중소형 트럭도 실을 수 있는 *PCTC선, 중장비와 철도 차량까지 싣는 LCTC선으로 나뉘어요. 많은 자동차를 싣기 위해 갑판을 여러 층으로 만들었어요.

※은 144쪽 용어 설명 참조.

자동차 운반선은 뛰어난 적재 능력과 악천후의 영향을 거의 받지 않는 정확한 수송 능력이 강점이에요!

독일 자동차 운반선

에게해를 지나는 자동차 운반선이에요.

미국 자동차 운반선

불가리아에 정박한 현대글로비스의 자동차 운반선이에요.

이 부분이 램프예요. 여기로 자동차를 실어요.

우리나라에서 자동차 운반선을 운영하는 기업은 현대글로비스예요. 국내 원자재 운반 및 차량 운반을 하고 철강 및 중고차 유통도 해요.

물속으로 다니는 전투 함정 잠수함

물속을 다니면서 전투하는 전투 함정이에요. ※어뢰와 유도탄(목표물을 타격하는 로켓 무기)으로 무장하며 핵무기를 싣기도 해요. 일반적인 배와 달리 배의 모든 부분을 샐 틈 없이 완벽하게 꼭 막아야 하므로 1780년대가 되어서야 나타났어요. 내부가 좁고 이동이 느려 교통수단으로서의 이점은 없어요. 그래서 주로 연구 및 군사용으로 이용돼요.

※은 144쪽 용어 설명 참조.

> 은밀성이 뛰어난 잠수함은 바닷속 표적물에 가까이 다가가서 공격을 해요. 하지만 물 위로 떠오르면 위치가 드러나서 적의 공격을 받기 쉬워요.

독일 유보트 잠수함
독일 해군이 제1차 세계 대전과 제2차 세계 대전 당시에 사용한 잠수함이에요. 총 1531척을 건조해서 연합국의 군함과 상선들을 엄청나게 물속에 가라앉히며 대활약을 했어요. 잠수함 역사상 최대 톤수, 최다 선박을 격침했어요.

크로아티아 관광용 잠수함

제1차 세계 대전 당시의 잠수함

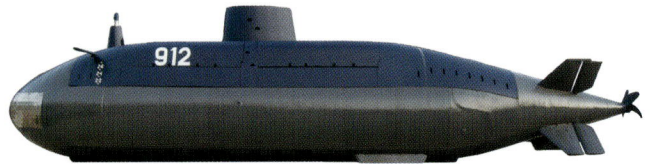

원자력 잠수함
핵 잠수함이라고도 불러요. 원자력으로 얻는 풍부한 에너지 덕분에 오랫동안 작전을 수행할 수 있어요. 짧게는 6년, 길게는 14년 주기의 핵연료 교체 시기가 올 때까지 무제한 잠항이 가능해요. 2000년대 후반에 등장한 원자로는 30년이나 가능해요. 재래식 잠수함이 두 달 정도 항해하면 연료가 떨어지는 것에 비하면 거의 무제한이라고 해도 과언이 아니에요.

잠수함에서 탄도 미사일을 발사하는 예상도

1993년에 잠수함을 도입한 우리나라는 현재 19척의 잠수함을 보유하고 있어요. 주로 소형 잠수함이고, 모두 디젤 잠수함이에요. 원자력 잠수함은 없어요.

러시아 잠수함

세계에서 제일 큰 잠수함은 러시아의 타이푼급 잠수함으로 길이가 175미터예요. 잠수함에 실을 무기의 크기에 맞춰 잠수함을 만들다 보니 제일 크게 되었어요.

노를 열심히 저어 나아가는 조정&카누

조정은 의자와 노가 배에 고정된 날렵하게 생긴 배예요. 노를 앞에서 뒤로 저으면서 몰아가요. 배가 나가는 쪽을 마주 향하여 자리 잡고 배를 몰아요. 스포츠, 레저를 좋아하는 사람들이 강이나 호수에서 즐겨 타지요.

카누는 노로 젓는 작은 배예요. 예전에는 나무껍질이나 동물의 가죽, 갈대, 통나무로 만들었지만 최근에는 플라스틱을 이용해 만들어요. 최초의 선박으로 세계 여러 민족이 만들어 이용했어요.

혼성 조정

조정
노를 젓는 사람들은 한 줄로 앉으며, 되도록 사람들 사이에 공간이 없어야 해요. 올림픽 종목이에요.

카누와 카약 둘 다 올림픽 종목이에요. 카약은 발을 앞으로 하고 노를 좌우로 번갈아 저어 빠르기를 겨루어요.

카약

조정 세계 선수권 대회에서 열심히 노를 젓고 있는 중국 여자 팀

카누와 카약 모두 올림픽 종목이에요.

카누의 노는 한쪽에만 달려 있고, 카약의 노는 양쪽에 달려 있어요.

카누   카약

세계에서 제일 빠른 여객선은 무엇일까요?

미국의 유나이티드스테이츠호예요. 이 여객선은 세계에서 가장 빠른 배로 기록되어 있어요. 1952년 만들었으며, 길이는 301.8미터, 대서양 횡단 속도는 세계에서 가장 빠른 71킬로미터예요. 처음하는 항해에서 왕복 모두 기록을 세워 60년이 지난 지금까지 깨지지 않고 있어요. 미국 국립 역사 기념물로 지정되었으며, 1969년부터 계선(배를 항구 따위에 매어 둠) 상태예요.

배의 속도는 노트라고 해요. 1노트(kn)는 1.9킬로미터예요. 배는 거친 물살을 헤치고 나아가면서 엄청난 마찰 저항을 받아요. 10노트로 운항하면 물의 저항은 3배로 늘어나고 연료량은 8배나 늘어나기 때문에 배는 빠르게 운항하지 않아요.

한 번에 많이 운반하는 컨테이너선

갑판 위나 아래에 컨테이너를 싣고 옮기는 화물선이에요. 대부분의 컨테이너선은 내장된 크레인으로 화물을 들어 싣거나 내릴 수 있는 *로로(LOLO, Lift-On Lift-Off)선이에요. 컨테이너선의 규모를 구분하는 단위로 보통 TEU(가로길이 6.1미터)나 FEU(가로길이 12.2미터)를 써요. 예를 들어 1,500TEU급 선박이라 한다면 가로길이 6.1미터의 컨테이너 1,500개를 실을 수 있다는 의미예요.

※은 144쪽 용어 설명 참조.

세계에서 제일 큰 컨테이너선은 우리나라 삼성중공업에서 만든 에버그린의 에버에이스호예요. 무려 24,000TEU급 선박이에요.

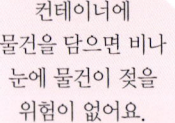
컨테이너에 물건을 담으면 비나 눈에 물건이 젖을 위험이 없어요.

컨테이너선은 컨테이너째 배에 싣기 때문에 물건을 편리하게 운반할 수 있어요.

컨테이너선의 구조

① 선수루 : 사슬과 닻 등의 장비를 보관하는 앞갑판 부분
② 선수등 : 수킬로미터 앞과 선박의 양 측면을 비추는 아주 밝은 등
③ 구명정 : 비상 사태가 발생할 경우 사람들을 배에서 대피시키는 배
④ 선교 : 함장 및 선원들이 선박을 운행하는 곳(지붕이 있고 유리로 막은 곳)
⑤ 해도실 : 항해용 지도 및 다른 항해 관련 자료를 보관하는 사무실
⑥ 레이더 : 전파를 보내고 그 반향을 받는 탐지기
⑦ 굴뚝 : 엔진 꼭대기에 있는 키가 큰 관
⑧ 무선 안테나 : 통신 전파를 보내고 받는 금속 도체
⑨ 승무원 거주 구역 : 선원이 사는 곳으로 만들어진 칸

가장 많은 사람을 구한 배는?

한국전쟁이 한창이던 1950년 12월 미국 군함과 상선 200척이 흥남 철수 작전을 시작했어요. 12월 22일 물자를 나르던 화물선 메러디스 빅토리호는 부산에 물자를 내려놓은 뒤 흥남항으로 갔어요. 이 배는 정원이 60명인데, 승무원이 47명 타고 있어서 13명만 더 탈 수 있었어요. 당시 미육군 제10군단장 알몬드 장군의 민사 고문으로 있던 의사 현봉학 씨는 피난민들을 모두 태워 달라고 요청했어요. 이에 레너드 P. 라루 선장은 배에 실려 있던 무기와 피난민들의 짐을 모두 버리고 최대한 피난민을 태웠어요. 24일, 배가 부산항에 도착했지만 피난민으로 가득 찼다는 이유로 입항이 거절되어, 25일에야 거제도 장승포항에 피난민을 내려 놓았어요. 피난민들은 모두 1만 4천 명이었어요. 메러디스 빅토리호는 '인류 역사상 가장 위대한 구조'를 한 배로 기네스에 기록되었어요.

배에 컨테이너를 실어 내리는 일은 일의 효율을 올리고, 요금을 줄이며, 배가 머무르는 시간 등을 줄여서 가동률을 올릴 수 있는 장점이 있어요. 컨테이너선의 최초 운항은 1957년에 이루어졌어요.

화려하고 아주 큰 배 크루즈선

페리선(하천이나 해상을 운항하는 연락선)보다 규모가 크고 호텔과 같은 시설이 갖추어져 있는 배로, 관광객을 싣고 해안 도시나 섬을 여러 날 동안 순회하는 배예요. 낮에는 잠시 들르는 항구에서 관광을 즐기기도 하고 밤에는 배에 갖춰진 극장·수영장 등의 각종 부대 시설을 이용할 수 있어요. 크루즈 내부에서 다양한 프로그램을 운영하기 때문에 즐겁게 참여하면서 여행과 휴식을 즐길 수 있어요.

크루즈에는 쇼핑몰, 레스토랑, 카페, 카지노, 도서관, 레포츠 시설, 공연장, 극장 등은 물론 대관람차, 스카이다이빙, 짚라인, 워터 슬라이드, 레이싱 카트 등이 설치된 경우도 있어요. 매일 신문이 발행되고, 엘리베이터도 설치되어 있어요.

크루즈는 여가 시설을 갖춘 관광용 선박이에요. 배 안에서 먹고 자며 생활해요. 기항지에 정박하면 내려서 구경하고 다시 배에 올라 여행하지요. 승선→다음날 아침 1차 정박→정박지 근처 투어→밤에 출항→다음날 아침 2차 기항지 정박 순으로 운행돼요.

카리브해에 정박 중인 크루즈선

그랜드 케이맨 제도의 크루즈선

세계에서 가장 큰 크루즈선은 원더오브더시즈호로, 길이가 무려 362미터나 돼요. 비행기 보잉 747-8보다 5배나 길고, 아파트 높이보다 훨씬 더 길어요. 최대로 많이 탈 수 있는 승객 수는 6,988명이나 돼요.

배의 크기 비교

원더오브더시즈호	타이타닉호	보잉 747-8	모터보트
전장 : 362미터	전장 : 294미터	전장 : 76미터	선상 : 4.4미터
탑승객 : 6,988명	탑승객 : 2,400명	탑승객 : 600명	탑승객 : 5명

예전에 크루즈 여행은 돈이 많은 특권 계층이나 노인들만이 즐기는 여행으로 여겨졌어요. 하지만 요즘에는 다양한 계층의 사람들이 이용하고 있어요.

배 관련 용어를 알아볼까요?

파일럿 : 배를 항구에 안전하게 접안시키는 도선사
포트 : 항구
내비게이션 : 배의 항해
메인 데크 : 선수에서 선미까지 선체 전체에 걸친 갑판
데크 : 갑판이라고 하고 배 위에 나무나 철판으로 깔아놓은 넓은 바닥
로워 데크 : 메인 데크 아래의 갑판
러더 : 배의 방향을 조정하는 방향타
갤리 : 승객용 음식, 음료를 서비스하는 조리실
캐빈 : 여객선에서의 객실, 선실.
앵커 : 닻. 흙바닥에 박히어 배가 움직이지 못하게 하는 갈고리가 달린 기구.
앵커링 : 닻을 내리는 것

선수(이물) : 배의 앞부분
선미(고물) : 배의 뒷부분
흘수 : 배가 물 위에 떠 있을 때, 물에 잠겨 있는 부분의 깊이.
좌현 : 뱃머리를 향하여 왼쪽에 있는 뱃전
우현 : 뱃머리를 향하여 오른쪽에 있는 뱃전

물건과 사람을 실어 나르는 페리선

사람이나 화물 또는 열차나 자동차를 싣고 강이나 바다 위, 두 항구 사이를 오가며 실어 보내는 연락선이에요. 사람을 승선시키는 경우는 여객선, 화물을 같이 싣는 경우는 화객선이라고 해요. 페리선은 크게 두 종류로 나눌 수 있어요. 일정한 시간표가 짜여 있고 주기적으로 운항한다면 정기 연락선, 시간표 없이 마음대로 운항한다면 비정기 연락선이에요. 페리선은 부두에 내린 짐을 확실하고 빠르게 운반하는 장점이 있어요.

그리스 페리선

페리선은 싣는 물건에 따라 카 페리(자동차 연락선), 레일웨이 페리(철도 연락선)으로 분류하기도 해요.

네덜란드 페리선

미국 페리선

그리스 페리선

그리스 피레우스 항구에서 페리선에 짐을 싣는 모습

두 지점 사이를 오가며 승객이나 화물을 운반하는 선박은 모두 페리선으로 분류해요. 각각의 선박 크기나 모양은 천차만별이에요.

섬에 사는 주민들에게 페리선은 무척 중요한 교통수단이에요! 화물차 운전자와 개인 여행자들도 많이 이용해요.

미국 페리선

페리선의 확장형이 바로 크루즈선! 특정 지점을 정기적으로 이어 주는 페리와 달리 크루즈는 전 세계를 순회하는 항해와 관광이 주목적이에요.

일정한 운항 시간에 따라 주기적으로 운항하면 정기 연락선, 정해진 시간 없이 운항하면 비정기 연락선이라고 해요.

UAE 두바이 페리선

배는 어떻게 물 위에 뜰 수 있나요?

*부력과 물 위에 떠 있는 배가 기울어졌을 때 원위치로 돌아오려는 성실한 복원성 덕분이에요. 부력은 동일한 부피를 갖는 물과 물체가 같은 무게가 될 때까지 물에 떠 있게 되는 현상으로, 물과 같은 액체가 물체를 위로 밀어 올리는 힘을 말해요. 쇠는 물에 가라앉지만 배는 물에 가라앉지 않아요. 그 이유는 쇠와 배의 내부 공간 무게의 총합이 물보다 가볍기 때문이에요. 배의 무게만큼 중력이 배를 아래로 끌어당기지만 중력에 반하는 부력이 위로 밀어 올리기 때문에 배는 가라앉지 않아요.

⬇ 무게
⬆ 부력

105

그물을 끌고 다니면서 물고기를 잡는 트롤선

바다 밑바닥으로 그물을 끌고 다니면서 바다 깊은 곳에 있는 물고기를 잡는 것을 트롤 어업이라고 해요. 이 트롤 어업에 이용하는 배가 바로 트롤선이에요. 다른 말로 저인망 어선이라고도 하지요. 트롤선은 한 번에 많은 양의 물고기를 잡을 수 있어서 크기가 크고 급속 냉동 장치를 가지고 있는 경우가 많아요.

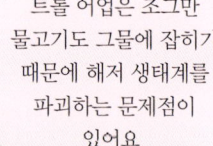
트롤선이 바닷속에서 그물을 끌어 올려 배 안으로 옮기고 있어요.

트롤선을 이용한 어업은 현재 전 세계에서 규제를 하고 있어요.

트롤 어업은 조그만 물고기도 그물에 잡히기 때문에 해저 생태계를 파괴하는 문제점이 있어요.

독일 트롤선

트롤선 중에는 그물의 길이가 10킬로미터에 달하는 것도 있어요.

바다를 조사하는 해양 조사선

해양 조사 장비를 싣고 해양 조사를 하는 선박을 말해요. 배에서 실험을 할 수 있도록 연구실이 넓고 흔들림, 소음 등이 적어야 해요. 목적별로는 기상 관측선, 수로 측량선, 지질 조사선, 물리 탐사선, 어업 조사선 및 쇄빙선 등으로 구분되어요. 바다 지형이나 날씨, 바닷물의 흐름 등을 조사하고, 물고기 자원 및 바다 밑 광물 탐사를 실시해요. 관측기를 해저로 내리기 위해 조사선은 강력한 기중기를 갖추고 있어요.

노르웨이 해양 조사선

소형 잠수정을 이용한 조사와 인공위성을 이용한 조사를 동시에 해서 더욱 정확한 데이터를 계산해요.

러시아 해양 조사선

영국 해양 조사선

호주 해양 조사선

말레이시아 해양 조사선

바다 위의 움직이는 공항 항공 모함

항공기를 싣고 다니면서 뜨고 내리게 할 수 있는 설비를 갖추고 있는 군함이에요. 즉 항공기에 대한 정비, 보급과 항공을 관리하고, 통신 시설 등을 완전히 갖추고 있어요. 그래서 바다 위의 움직이는 공항이라고 할 수 있어요. 비행기가 뜨고 내리거나 보관에 불편함이 없도록 배의 위층이 평평한 비행 갑판으로 만들어져 있고, ※함교(선원을 지휘하기 위해 갑판 상부에 높이 솟아 올려 지은 구조물)나 굴뚝 같은 구조는 양쪽 가장자리 밖으로 나가게 만들어져 있어요.

※은 144쪽 용어 설명 참조.

퀸 엘리자베스급 항공 모함

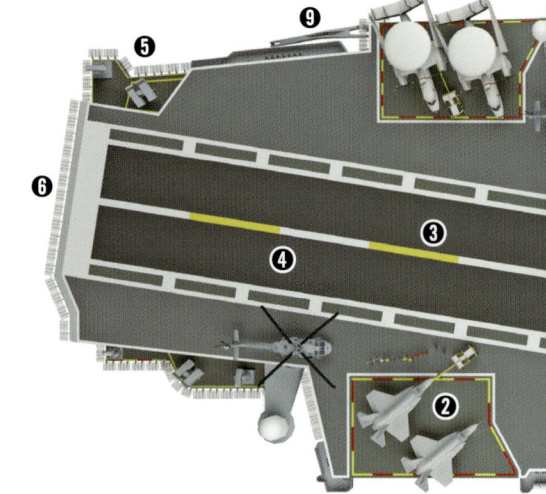

▷ 항공 모함 구조

①**비행 갑판** : 항공기 이착륙에 사용되는 플랫폼 부분
②**주갑판** : 항공기의 보관, 유지·보수에 사용되는 시설
③**활주로** : 항공기의 이륙과 착륙을 위한 플랫폼 부분
④**착륙 갑판** : 항공기 착륙 후 주차해 두는 플랫폼 영역
⑤**미사일 발사기** : 미사일 발사를 위해 설계된 장치
⑥**제트 엔진 시험 구획** : 터보제트 엔진 테스트 장소
⑦**대공 감시 레이더** : 적의 항공기를 감지하는 장치
⑧**대지상 레이더** : 시야가 보이지 않을 때 조종사가 비행 갑판을 찾을 수 있도록 해 주는 장치
⑨**갑판 기중기** : 선회 *지브가 설치되어 있는 자재 운반 관리 장치. 고리는 화물을 들어 올리고 이동시키는 데 사용

미국 원자력 항공 모함

미국을 제외한 전 세계 항공 모함 수는 10척인데 미국의 항공 모함 수는 11척이나 되어요. 작은 항공 모함까지 합치면 20척이나 되지요.

스페인 후안 카를로스 1세급 항공 모함

미국 제럴드 포드급 항공 모함

미국 에식스급 USS 인트레피드 항공 모함

항공기를 탑재하고 *이착함시키는 함선으로 초계함, 구축함, 전함의 임무를 모두 수행할 수 있는 다목적 함선!

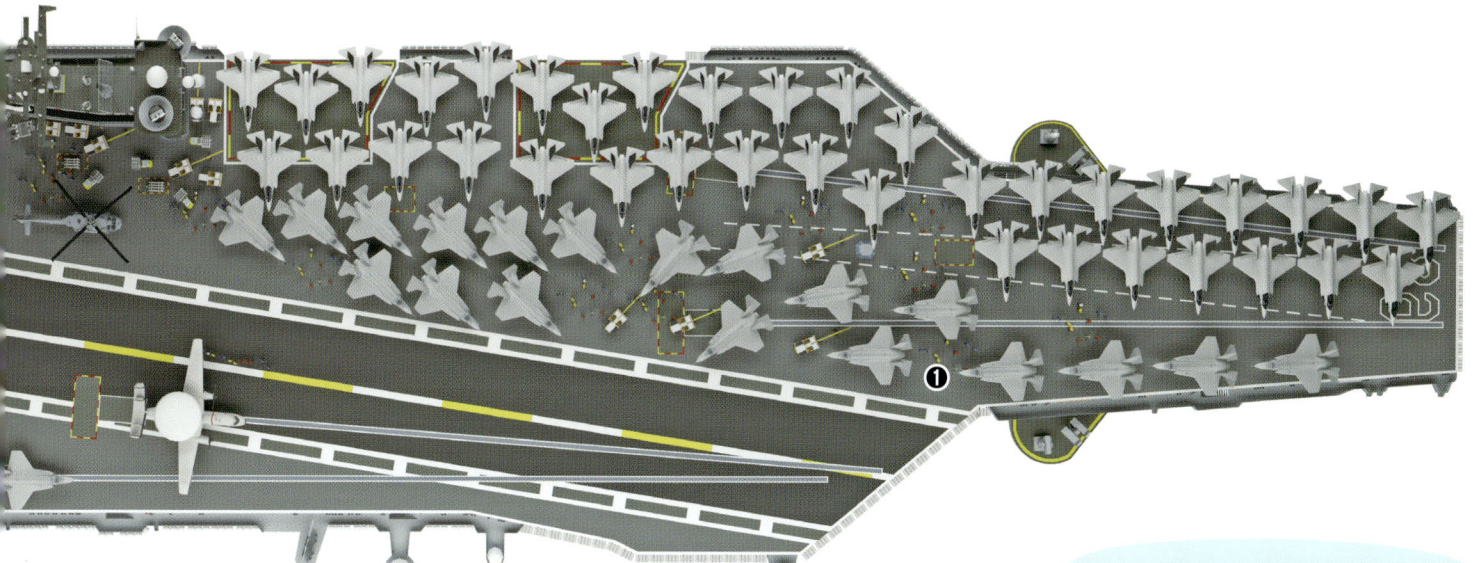

미국 항공 모함

미국 미드웨이급 항공 모함

미국 원자력 추진 항공 모함

원자력을 연료로 사용하여 추진하는 원자력 추진 항공 모함은 연료를 다시 채우는 일 없이 오랫동안 다닐 수 있어요. 연료를 싣던 공간에 전투기의 연료, 무기, 전자 장비를 실을 수 있어요.

큰 배나 항공 모함을 호위하는 호위함

구축함보다 크기가 작은 전투함이에요. 적의 잠수함, 항공기로부터 큰 배나 항공 모함을 호위하는 일을 맡은 군함이에요. 하지만 오늘날에는 호위함과 구축함의 구별이 애매해지기 시작하여 거의 구별할 수 없게 되었어요. 적의 함선을 공격하는 ※미사일이나 공중 목표물을 공격하는 대공 미사일을 갖추고 있어요.

※은 144쪽 용어 설명 참조.

대한민국 호위함 인천함

러시아 어드미럴 고르쉬코프급 호위함

우리나라는 1981년에 호위함을 처음 만들었고, 현재 14척을 보유하고 있어요.

호주 호위함 HMAS 스튜어트 FFH-153

태국 호위함 HTMS 푸탈로에틀라 나팔라이

영국 타운급 순양함 HMS 벨파스트

독일 작센급 호위함 헤센

미국 USS 사바나 호위함

순양함은 배의 무게가 전함보다 작고 구축함보다는 큰 다목적 전투함을 말해요.

예전에는 구축함, 호위함, 순양함의 크기가 나누어져 있었는데 현재는 전 세계의 모든 군함이 다같이 커지고 있어요. 미사일을 많이 싣고 군인들의 작전을 오래하는 능력에 따라서 늘어났어요.

호위함은 선박이나 선단과 행동을 같이 하면서 호위 업무를 수행해요.

이지스 전투 시스템은 무엇일까요?

이지스 전투 시스템은 함정에서 사용하는 전투 체계로서 목표의 탐색부터 이를 파괴하기까지의 전 과정을 하나의 시스템에 포함시킨 미 해군의 최신 종합 무기 시스템이에요.
미국 록히드 마틴에서 개발하였어요. 현대 해전에서 군함 미사일 공격을 방어하기 위한 목표 추적 시스템 및 방공 미사일, 공격 시스템과 이를 운용하는 통합 시스템, 전투 체계예요. 한마디로 말해서 3차원 고정밀 위상 배열 레이더(고속으로 이동하는 여러 개의 목표에 대응할 수 있는 레이더)예요.

이러한 이지스 전투 시스템을 탑재한 군함을 이지스함이라고 해요. 이지스함은 동시에 200개 이상의 목표를 자동 탐지, 추적하고 그중 최대 24개의 목표를 동시에 공격할 수 있어요. 우리나라는 3척의 구축함에 이지스 시스템을 탑재했어요.

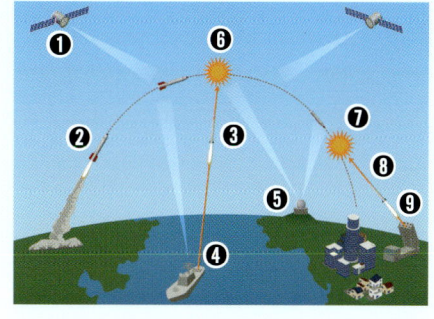

① 조기 경보 위성 ⑤ 조기 경보 레이더
② 탄도 미사일   ⑥⑦ 차단
③ 요격 미사일   ⑧ 요격 미사일
④ 이지스 함선   ⑨ 지대공 미사일

제3장
하늘을 나는 놀라운 비행기

미국 노스롭그루먼 B-2A 스텔스 폭격기

우주로 향하는 대한민국 우주 발사체, 누리호

리모컨으로 조종하는 광고물 비행선

세계 최초 공중 조기 경보 통제기, 미 해군의 E-2 호크아이

& 우주선

미국 록히드마틴
F-22 랩터 스텔스 전투기

공기의 흐름을 이용해 나는 행글라이더

여행하는 사람을 실어 나르는 여객기, 대한 항공 보잉 787-9

우주인을 태우고 발사되는 우주 왕복선

비행기의 역사 탐험

역사상 사람이 탄 최초의 비행 기구는 1783년 프랑스의 몽골피에 형제가 제작한 열기구예요.

1852년 프랑스의 지파르가 증기 기관으로 작동하는 기구를 만들어 타고 동력 비행에 성공했어요.

1890년 프랑스의 아델이 아주 짧은 도약 수준이었지만, 증기 기관으로 작동하는 비행 기계인 에올을 제작하여 하늘을 날았어요.

라이트 형제

1894년 독일의 릴리엔탈은 글라이더를 활용한 비행에 성공했어요. 공기보다 무거운 무동력 비행이었어요.

엔진을 활용한 기구는 비행선으로 불려요. 1900년 체펠린은 바람

미국 노스캐롤라이나 킬데빌힐스에 있는 국립라이트형제기념관

을 거슬러 이동하는 최초의 상업 비행선을 만들었어요.

지파르와 체펠린의 비행이 공기보다 가벼운 장치를 활용했다면, 아델의 비행은 공기보다 무거운 동력 비행에 해당돼요.

1900년 9월에 라이트 형제는 비행 실험을 했고, 1901년 10월에 약 2미터의 *풍동을 만들어 200여 개의 날개 모형에 대한 실험을 했어요. 그리고 1903년 12월, 키티호크에서 라이트 플라이어 1호가 하늘을 나는 행사가 열렸어요. 네 번째 비행에서 공중에 머문 시간은 59초였고, 비행 거리는 259미터를 기록했어요. 라이트 형제는 플라이어 1호의 문제점을 분석한 후 1904년에 플라이어 2호를 만들었어요. 1905년에는 플라이어 3호가 제작되었어요. 형제는 플라이어 3호로 빙빙 도는 비행과 8자 비행에 성공했어요.

라이트 형제의 비행도 아델의 비행처럼 공기보다 무거운 동력 비행이었어요. 다만 아델은 증기 기관을, 라이트 형제는 가솔린 기관을

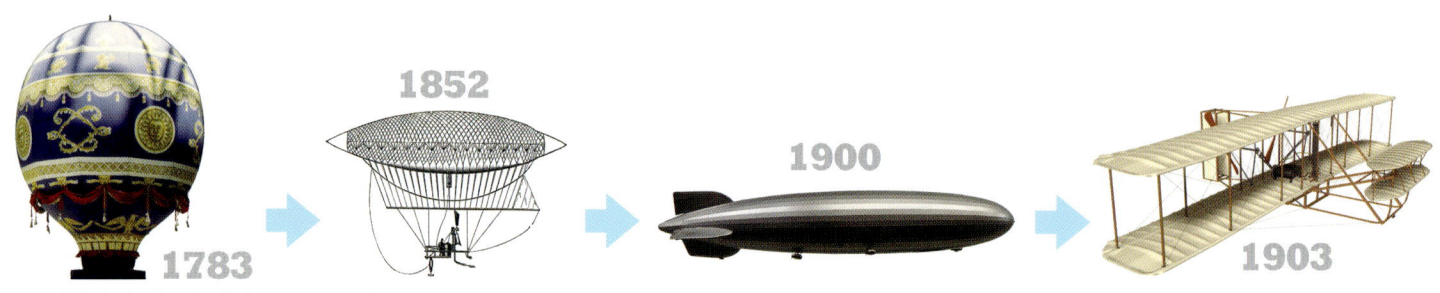

1783 사람이 탄 최초의 비행
몽골피에 형제가 만든 열기구예요.

1852 최초의 동력 비행선
지파르가 개발한 최초의 비행선. 증기 기관으로 작동했어요.

1900 최초의 상업 비행선
체펠린이 바람을 거슬러 이동하는 상업 비행선을 선보였어요.

1903 라이트 플라이어
라이트 형제가 비행을 성공시킨 세계 최초의 동력 비행기예요.

라이트 형제가 비행을 성공시킨 세계 최초의 동력 비행기 '라이트 플라이어'

사용했어요.

라이트 형제의 비행은 유인 비행, 동력 비행, 공기보다 무거운 비행체, 계속 비행 조정을 할 수 있는 것과 같이 오늘날의 비행 특징과 같아서 매우 잘 날았어요.

이후 라이트 형제는 기존의 모델을 개선한 모델 B를 선보였고, 1910년 11월에 모델 B는 역사상 최초로 상업적인 항공 물건을 운송하는 데 성공했어요.

비행기는 제1차 세계 대전을 계기로 본격적으로 개발되었어요.

세계에서 제일 큰 여객기는 에어버스 A380이고 최대 좌석 수는 853석이에요. 사진은 대한 항공의 에어버스 A380-800

1920년대에는 프로펠러와 동력 장치를 앞에 달고 꼬리날개를 뒤에 다는 비행기가 일반인에게 퍼졌어요. 1927년에 린드버그가 대서양 횡단 비행에 성공함으로써 비행에 대한 열기가 올랐어요.

제2차 세계 대전 때는 제트 엔진과 로켓 엔진을 비롯한 고속 엔진의 개발이 시작되었고, 제트 엔진은 장거리 공중 운송 수단에, 로켓 엔진은 *미사일이나 인공위성의 발사체로 사용되었어요.

하늘을 날고 싶은 인간의 욕망에서 발전을 거듭해 온 비행기는 앞으로 더욱더 다양한 형태로 발전할 것입니다.

*은 144쪽 용어 설명 참조.

1927

린드버그
대서양 횡단 비행에 성공했어요.

1939

최초의 제트 엔진 항공기
독일에서 하인켈 He 178을 이용해서 제트 엔진에 의한 비행에 성공했어요.

1947

최초의 초음속 비행기
세계 최초의 초음속 비행기(시속 1,224킬로미터)는 로켓 엔진을 단 벨 X-1이에요.

추진 장치 없이 하늘을 나는 글라이더

글라이더는 엔진이나 프로펠러 같은 추진 장치(물체를 밀어 앞으로 내보내는 장치) 없이 바람의 힘, 또는 자신의 무게를 동력으로 해서 비행하는 항공기예요. 다른 말로 활공기라고도 해요. 1891년 독일의 오토 릴리엔탈이 새가 나는 모습을 연구해서 실험기를 만들고 비행에 성공했어요. 그는 1895년 날개를 움직이지 않고 350미터를 날아 하늘을 날려는 인류의 꿈을 최초로 실현했어요. 글라이더의 종류는 비행기처럼 고정 날개가 있는 글라이더, 낙하산과 같은 형태인 패러글라이더, 새처럼 날개를 펴고 나는 행글라이더가 있어요.

영상 촬영, 스포츠 중계에도 쓰이는 무인 비행 물체 드론

자율 항법 장치에 의하여 자동 조종되거나 무선 전파를 이용하여 원격 조종되는 무인 비행 물체를 일컬어요. 드론은 처음에는 군사용으로 개발되었어요. 공군기나 *고사포(항공기를 사격하는 데 쓰는 큰 포)의 연습 사격에 적군의 표적기로 사용되었지요. 현재는 정찰, 감시와 잠수함을 공격하는 용도로 사용되고 있어요. 최근에는 무인 촬영기로 카메라 작동이 가능해지면서 험준한 산악 지역 탐사, 재해 현장 촬영, 스포츠 중계는 물론 택배 업무와 같은 일반 용도로 점점 쓰임이 달라지고 있어요.

드론의 크기는 25그램부터 1,200킬로그램까지 다양해요.

쿼드콥터 드론 4개의 *로터(회전 날개)를 가진 드론이에요. 로터의 숫자에 따라 듀얼(2개), 트리(3개), 쿼드(4개), 헥사(6개), 옵타(8개)로 구분해요.

군사용 드론 전투에 이용되는 드론이에요.

정찰용 드론 정찰을 하거나 전투를 할 때 나는 드론이에요.

농업용 드론 농업용 무인 항공기로 비료나 농약을 뿌려요.

배달용 드론 택배 업무에 이용되는 드론이에요.

인공위성을 쏘거나 우주 비행을 하는 로켓

로켓은 높은 온도와 높은 압력의 가스를 발생, 분출시켜 그 반동으로 추진하는 장치 또는 그런 힘을 이용한 비행물을 말해요. 주로 기상 관측, 우주 개발, 무기에 이용하는데, 보통은 우주 공간을 비행할 수 있는 추진 기관을 가진 비행체를 말해요. 로켓에 핵탄두를 실으면 미사일이 되고, 인공위성과 같은 우주 비행체를 실어 쏘아 올리면 '우주 발사체'가 돼요.

대한민국 우주 발사체 누리호

누리호는 2022년 개발 완료한 로켓으로, 우리나라 최초의 저궤도 실용 위성 발사용 로켓이에요. 누리호로 우리나라는 1톤 이상의 실용 위성을 궤도에 도착시킬 수 있는 7번째 나라가 되었어요. 실을 수 있는 무게는 1,500킬로그램이에요.

나로호는 우리나라 최초의 우주 발사체예요. 2013년 나로 과학 위성을 지구 저궤도(고도 300~1500킬로미터)에 올려놓는 임무를 수행하였어요. 실을 수 있는 무게는 100킬로그램이에요.

나로호 발사 장면

발사 직후의 나로호

발사대로 이송을 준비하는 나로호

스페이스X란?

2002년 미국의 전기차 제조 회사인 테슬라모터스의 대표 일론 머스크가 화성 이주의 꿈을 내걸고 민간 우주선 개발 업체인 스페이스X를 설립했어요. 미국 군용 및 정찰 위성 발사를 책임지고 있는 스페이스X는 재활용 로켓을 개발하고 있지만, 궁극적으로는 모든 사람의 우주 이민을 목표로 하고 있어요.

2001년 머스크는 로켓의 원자재 가격이 완성 로켓 판매 가격의 3%밖에 안 된다는 사실을 알았어요. 그래서 스페이스X는 로켓 발사에

스페이스X의 크루 드래곤 우주선 최대 7명을 태우고 지구 궤도를 왕복할 수 있어요.

필요한 모든 재료의 85%를 직접 생산하는 시스템을 갖추고, 소프트웨어 엔지니어링으로 발사 비용을 크게 낮추었어요. 그리하여 약 70%의 이익을 남겼어요.

스페이스X는 설립한 지 6년 만인 2008년, 민간 기업으로는 최초로 액체 연료 로켓 팰컨 1을 지구 궤도로 쏘아 올렸어요.

2012년 말 스페이스X의 발사 계

크루 드래곤의 우주 정거장 도킹 장면

약료는 5조 원에 달해요. 스페이스X의 발사 계약은 상업용과 미국 정부용 목적을 모두 포함해요.

2013년 말, 항공 우주 산업 언론은 스페이스X가 다른 경쟁사들보다 훨씬 싼 가격에 위성 발사 서비스를 제공하고 있다고 알렸어요.

그 후 화물을 실어 보내는 로켓인 팰컨 9호를 개발해 2012년 처음으로 우주를 향해 화물을 실어 보내기 시작했어요.

2016년 4월에는 로켓의 해상 회수에 성공하면서 처음으로 로켓 재활용 시대를 열었어요. 로켓의 재활용이 가능해지면 위성 발사 가격을 전보다 최대 10분의 1로 줄일 수 있게 돼요.

2016년 9월 팰컨 9의 엔진 가동

스페이스X의 로켓 발사 장면

시험 중 폭발 사고가 일어나 안전성 논란이 있었지만, 4개월 만에 팰컨 9에 통신 위성 10개를 실어 성공적으로 발사했어요.

2017년 6월에는 재활용 우주선 드래곤 카고 캡슐을 팰컨 9 로켓에 실어 발사하여, 재활용 로켓 발사에 이어 재활용 우주선 발사에서도 성공을 거두었어요.

2020년 7월, 스페이스X는 약 80차례 로켓을 발사했고 97.8퍼센트의 발사 성공률을 이루었어요.

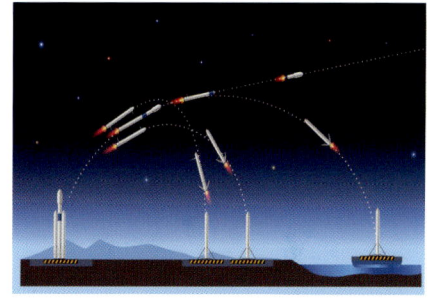
스페이스X의 로켓 회수 방식 우주로 발사된 로켓이 위성과 분리되면 스스로 바다 위 회수 지점으로 날아와 수직 착륙하도록 하는 방식이에요. 스페이스X는 이렇게 하여 고가의 로켓을 재사용할 수 있게 되었어요.

2021년 9월에는 스페이스X의 유인 우주선 크루 드래곤이 역사상 처음으로 전문 우주 비행사 없이 일반인 4명만을 태우고 우주로 발사되었어요. 크루 드래곤은 시속 2만 7,359킬로미터의 속도로 지구를 90분에 한 바퀴씩 4일 동안 돈 뒤 무사히 지구로 돌아왔어요.

이런 상황이라면 우리가 꿈꾸는 우주 여행의 날은 그리 멀지 않은 것만 같지요?

여행하는 사람을 실어 나르는 여객기

여행하는 사람을 실어 나르기 위한 민간 비행기예요. 보통 조종실과 여객 전용 공간이 격리되어 있고, 여객용 좌석이 15석 이상, 자체 무게가 22,680킬로그램 이상인 비행기를 여객기라고 해요. 여객기에서 요구되는 특성 중 하나는 안전성이에요. 이것에 대해서는 국가 관리 제도가 발달하여 국가적 표준에 따라 제작·운용되며 엄밀한 규제하에 시행되고 있어요. 여객기는 도시간, 국가간 교통수단으로 편리하게 이용할 수 있지만, 엔진 소음과 배기 등의 공해 문제가 있기도 해요.

미국 아메리칸 항공

독일 루프트한자 항공(보잉 747)

여객기는 가격이 비싸기 때문에, 대부분의 항공사들은 대여(20-40년)를 해서 운항해요.

인도네시아 Lion 항공(보잉 737)

일본 JAL 항공(보잉 B737)

사우디아라비아 사우디 항공(보잉 777)

대한민국 대한 항공(에어버스 A330)

헝가리 위즈에어 항공

여객기를 만드는 회사는 크게 미국의 보잉사와 프랑스 툴루즈에 본사를 둔 유럽의 다국적 기업 에어버스가 있어요.

스웨덴 SAS 항공(에어버스 A320)

일본 ANA 항공(보잉 787)

캐나다 Air transat 항공(에어버스 A330)

그리스 엘린에어 항공(에어버스 A320)

세계에서 제일 큰 비행기는 무엇일까요?

세계에서 제일 큰 비행기는 스트래토론치예요. 날개 길이만 117미터, 동체 길이 72미터, 높이 15미터, 무게 230톤인 이 비행기는 28개의 바퀴와 6개의 747 제트 엔진이 장착돼 있어요. 기름을 가득 채우면 무려 340톤이나 나가요. 이 비행기는 사람을 실어 나르는 여객기는 아니에요. 로켓을 싣고 해발 10,700미터 상공에서 로켓을 발사해 인공위성을 궤도에 올리는 데 이용하는 비행기예요.

여객기 안에는 승객들의 편의를 위해 화장실이 있고 국가간 운항을 하는 국제선에서는 식사는 물론 영화 및 음악 채널을 포함한 다양한 즐길 거리를 제공해요.

둥둥 떠오르는 열기구&비행선

열기구는 기구 속의 공기를 버너로 가열, 팽창시켜 바깥 공기와의 온도 차이로 떠오르게 만든 거예요. 수소 가스나 헬륨 가스를 넣어 공중에 뜨게 하는 가스 기구와 기구 속의 공기를 버너로 가열하여 뜨게 하는 열기구, 헬륨으로 어느 정도 뜬 뒤 공기를 데우거나 식혀서 상승, 하강하는 로지에르 기구가 있어요. 비행선은 큰 기구 속에 헬륨이나 수소 기체를 넣고 그 뜨는 힘을 이용하여 엔진의 조종으로 공중을 날아다니는 항공기예요.

오락용으로 시작한 열기구는 전쟁에서 정찰용으로도 쓰였어요.

버너로 열을 가하는 모습

다양한 열기구가 동시에 떠오르는 열기구 축제

엔진이 달려 있어서 이착륙과 이동이 열기구보다 쉬워요. 하지만 비행기보다 속도가 느려요.

비행선

알쓸신잡 — 알아두면 쓸모 있는 신나는 잡학 정보

비행기의 구조와 원리

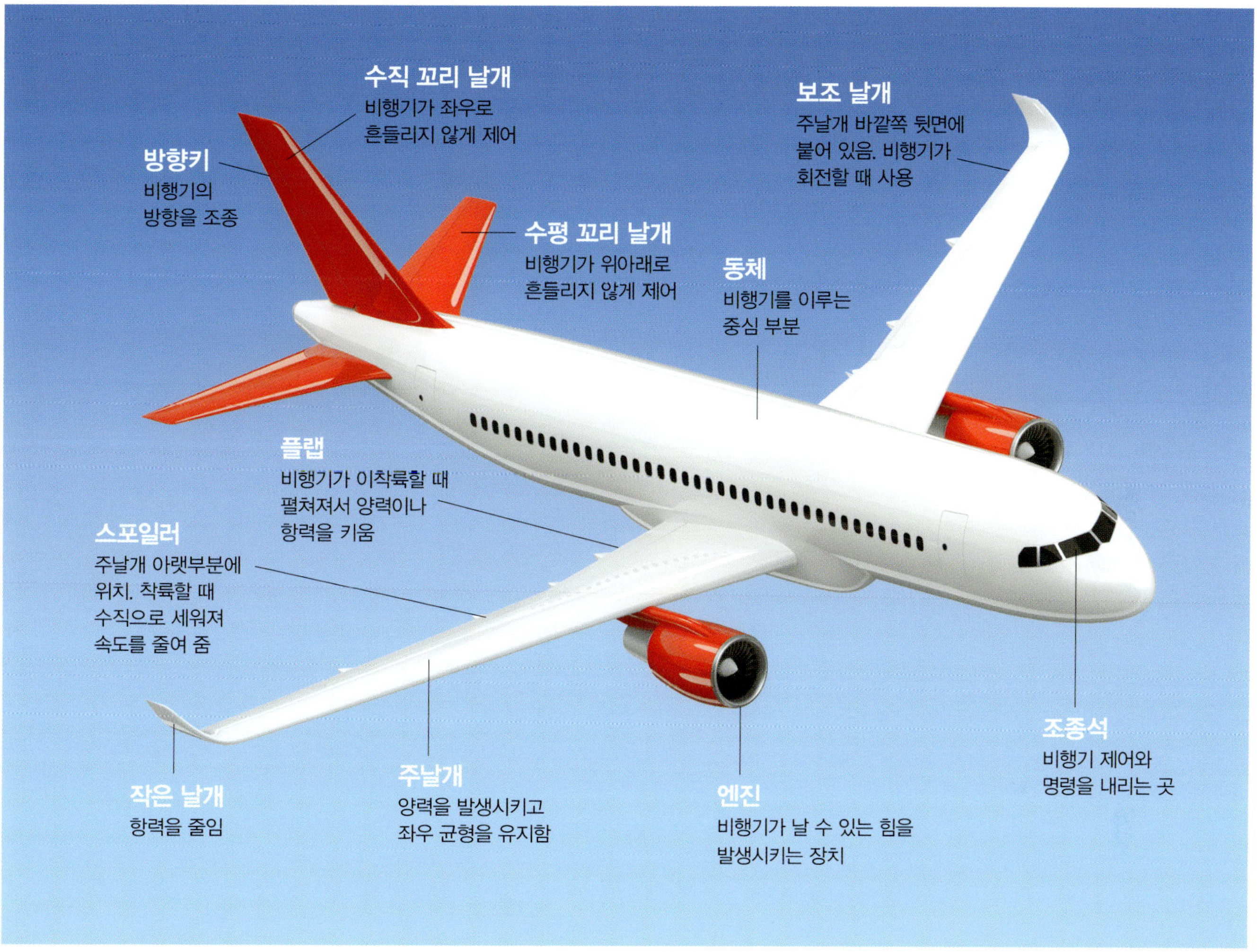

수직 꼬리 날개 - 비행기가 좌우로 흔들리지 않게 제어

방향키 - 비행기의 방향을 조종

수평 꼬리 날개 - 비행기가 위아래로 흔들리지 않게 제어

보조 날개 - 주날개 바깥쪽 뒷면에 붙어 있음. 비행기가 회전할 때 사용

동체 - 비행기를 이루는 중심 부분

플랩 - 비행기가 이착륙할 때 펼쳐져서 양력이나 항력을 키움

스포일러 - 주날개 아랫부분에 위치. 착륙할 때 수직으로 세워져 속도를 줄여 줌

조종석 - 비행기 제어와 명령을 내리는 곳

작은 날개 - 항력을 줄임

주날개 - 양력을 발생시키고 좌우 균형을 유지함

엔진 - 비행기가 날 수 있는 힘을 발생시키는 장치

비행기는 동체, 날개, 꼬리, 엔진, 바퀴로 이루어져요.

동체는 비행기의 몸통부예요. 조종석이 있고 사람들이 타는 공간이에요.

날개는 비행기에 필요한 양력의 대부분을 제공하고 비행할 때 비행기의 무게를 버텨요. 대부분 날개에는 연료가 실려요. 주날개, 작은 날개, 보조 날개, 플랩, 스포일러로 이루어져 있어요.

엔진은 내보내는 힘이 좋은 터보 엔진을 써요.

꼬리는 동체의 뒷부분에 부착되어 있어요. 수직 꼬리 날개, 방향타, 엘리베이터, 수평 꼬리 날개로 이루어져 있어요.

바퀴는 2개가 한 쌍인 앞바퀴와 4개가 한 쌍씩 총 4쌍(16개)인 뒷바퀴가 있어요.

엔진은 쌍발기 엔진, 3발기 엔진, 4발기 엔진이 있어요.

비행기는 어떻게 하늘을 날까요?

날개 위 곡면을 따라 흐르는 공기의 흐름은 날개 아랫부분의 공기의 흐름보다 속도가 빨라요. 그런데 움직이는 물체의 속도가 커지면 공기 흐름이 빠른 날개 위쪽은 공기 압력이 낮고, 공기 흐름이 느린 날개 아래쪽은 공기 압력이 커져요. 그래서 공기 압력이 큰 아래쪽에서 공기 압력이 작은 위쪽으로 밀어 올리는 힘인 양력이 발생해요. 비행기는 바로 이 원리에 의해서 하늘을 나는 거예요.

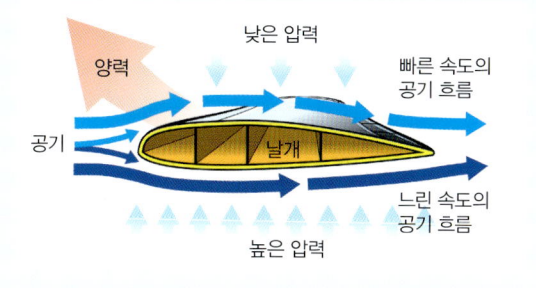

우주 공간을 비행하는 우주선

우주선은 우주 공간에 발사된 비행 물체를 말해요. 사람이 타는 것과는 관계없이 우주 왕복선, 인공위성, 탐사선도 우주선이라 불러요. 주로 관측·시험 및 연구 조사를 비롯하여 어떤 실용 목적으로 사용되고 있어요. 우주 왕복선은 국제 우주 정거장으로 사람, 보급되는 물건, 장치를 보낼 때 이용해요. 인공위성은 어떤 목적이나 용도에 따라 지구의 행성 둘레를 돌도록 로켓을 이용하여 쏘아 올린 장치예요. 탐사선은 우주 공간에서 지구나 다른 행성들을 탐사하기 위해 쏘아 올린 비행 물체예요.

달 탐사선

화성 탐사선 바이킹 1호

우주선 개발에는 높은 기술력과 막대한 돈이 필요해요.

미 항공우주국(NASA)에서 개발한 세계 최초의 우주 왕복선이에요. 우주 왕복선의 대기 재진입 능력을 확인하기 위한 시험 비행용으로 제작되었어요.

미국 엔터프라이즈 우주 왕복선

국제 우주 정거장

다누리를 탑재한 팰컨 9 발사체

다누리 발사 모습

우주 왕복선 발사 모습

2022년 우리나라는 국내 기술로 개발한 달 궤도선(탐사선) 다누리 발사에 성공했어요. 달 궤도선은 달 상공을 돌면서 달의 표면을 관측하는 인공위성이에요. 다누리가 달 궤도 진입에 성공하면서 우리나라는 세계에서 7번째 달 탐사국이 되었어요.

다누리 발사 후 달 전이 궤적 및 달 궤도 진입 과정

최대 거리 : 155만 킬로미터 (2022. 9. 27)

달까지 최대 비행 시간 : 135일
누적 비행 거리 : 594만 킬로미터

지구-태양 거리 : 1억 5천만 킬로미터

❺ 달 탐사선의 추진체를 활용해서 달 궤도로 진입 (2022. 12. 17)

❹ 지구 중력을 활용해서 달 궤도로 진입 (2022. 11. 16)

❷ 발사 후 40분간 250킬로미터 궤도에서 비행

❶ 발사(2022. 8. 5)
발사 시 달의 위치 : 38만 킬로미터

❸ 라그랑주 포인트에서 태양과 지구의 중력을 활용해 지구 방향으로 궤도 수정 (2022. 9. 2)

다누리는 직진하지 않고 연료를 절감하는 저에너지 전이(인공위성이 아주 적은 추력으로도 궤도를 옮길 수 있는 궤도) 방식인 탄도형 달 전이 궤적을 따라 달에 도착했어요. 이는 태양, 지구, 달 등 주변 천체들의 중력 효과를 이용해 추진력을 얻는 방식이에요.

출처 : 한국항공우주연구원

하늘을 지키는 빠르고 날쌘 전투기

공중전을 주 임무로 하는 작고 민첩한 군용기예요. 조종은 전문적인 비행 훈련을 받은 공군이 조종해요. 전투기는 보통 마하 1~3(1,224~3,672km)의 속력, 1만 5,000~2만 미터의 높이에서 활동할 수 있는 능력을 갖추고 있어요. 기관포·미사일·폭탄 등의 각종 무기를 장비하고, 자동항법·공격·방어용 각종 전자 관제 장치도 구비하고 있어요. 상대의 레이더 망에 포착되지 않는 은폐 기능인 ※스텔스 기술이 적용된 전투기도 있어요. ※은 144쪽 용어 설명 참조.

유럽 유로파이터 타이푼 전투기

미국 보잉 FA-18F 슈퍼호넷 전투기

영국 아브로 벌컨 B.2 폭격기

미국 노스롭 그루먼 B-2A 스텔스 폭격기

미주리주의 화이트맨 공군기지에서 코소보 전쟁 지역으로 44시간 동안 쉬지 않고 날아가 폭격 공습을 수행했어요.

우리나라에서 개발한 초음속 전투기예요. 2023년 음속을 돌파함으로써 우리나라는 세계 8번째로 초음속 전투기 개발에 성공했어요.

대한민국 KF-21 보라매

미국 록히드마틴 F-35 라이트닝 II 스텔스 전투기

미국 록히드마틴 F-22 랩터 스텔스 전투기

전투기는 스텔스, 속도, 센서 통합이 뛰어나야 최고의 전투기로 평가받아요. F-22는 5세대 스텔스 전투기로, 세계 최강이라는 별명을 가지고 있어요.

러시아 수호이 Su-35 플랭커 전투기

세계적인 항공 우주 기업은 어디예요?

미국의 보잉사예요. 1916년 윌리엄 보잉이 시애틀에 세웠어요. 보잉은 록히드마틴, 노스롭 그루먼과 함께 민간 항공기, 군용 항공기, 인공위성, 방위 산업 및 우주 항공과 관련된 시스템과 서비스를 제공하는 세계적인 항공 우주 기업이에요. 그 외 항공기 제조 회사로는 유럽의 다국적 항공 우주 및 방위 사업체인 에어버스가 있어요. 에어버스는 보잉과 함께 세계 여객기 시장을 장악하고 치열하게 경쟁하고 있어요. 우리나라는 한국 항공우주산업(KAI)에서 전투기를 만들고 있어요.

미국 록히드마틴 F-16D 팰컨 전투기

스텔스 기술을 적용하면 적의 레이더에 곤충 크기보다 더 작게 나타나기 때문에 적이 알아차리지를 못해요.

높은 곳에서 먼 곳을 보는 정찰기

군사적 목적으로 이용하는 군용기로 주로 적국이나 가상 적국의 군사 상황·산업·교통 등 필요한 상황을 정찰하는 데 쓰여요. 사진기와 레이더 등의 특수 정찰 장치를 갖추고 있고, 비행 속도가 무척 빨라요. 원래는 전쟁 중일 때 사용했지만 현재는 평상시에도 사용해요. 정찰기에는 전략·전술 정찰기 외에 대잠수함 수색·공격을 주임무로 하는 초계기, 공중에 머물러 있으면서 적의 항공기·미사일 등을 탐지·경계하는 조기 경계기, 군사용 기상 관측기 등도 포함돼요.

미 공군 초음속 정찰기 록히드 SR-71 블랙버드 정찰기
인류 역사상 가장 빠르고 가장 높이 날았던 유인 비행기로, 지상 26킬로미터 높이를 마하 3(3,672킬로미터) 이상의 속도로 항속이 가능해요.(마하 1은 시속 1,224킬로미터) 이때 비행기 표면 온도는 260도 이상으로 오르고 엔진은 1,000도 이상으로 올라요. 처음으로 스텔스 기술을 갖춘 항공기로, 기체는 열에 잘 견디는 재료인 티타늄을 썼어요.

↑ 전략 정찰기 옆, ↓ 전략 정찰기 정면

최초의 군용 항공기는 전투기가 아니라 1911년의 리카르도 모이초 정찰기예요.

고고도 비행에 초음속 스피드를 더한 SR-71 정찰기는 사진 촬영이 주 임무인 정찰기로, 1시간에 26만 제곱킬로미터 지역을 사진 촬영할 수 있어요.

러시아 A-50 조기 경보 통제기

미국 보잉 E-3 조기 경보 통제기

미국 E-2 호크아이 조기 경보 통제기

활주로가 없어도 되는 헬리콥터

회전 날개가 돌면서 생기는 ※양력과 추진력으로 하늘을 나는 항공기예요. 수직으로 뜨고 내리고 공중에서 정지가 가능해요. 회전 날개가 각도를 조정하여 전진, 후진, 가로로 움직일 수 있어요. 일반적인 비행기는 날개가 고정되어 있어 약간의 움직임만 가능하고 별도의 프로펠러나 엔진의 힘으로 움직이지만, 헬레콥터는 엔진의 힘으로 날개 자체를 회전시켜 나는 것이 특징이에요.

※은 144쪽 용어 설명 참조.

프랑스 NH90 수송헬기

체코 Mi-171 헬리콥터

미국 보잉 치누크 헬리콥터(탠덤 로터식)

구조용 헬리콥터

소방용 헬리콥터

대한민국 수리온 헬리콥터

헬리콥터는 줄여서 헬기라고도 불러요. 군용, 농업용, 소방용, 관광용, 의료용 등 다양한 용도로 쓰여요.

제4장
레일을 달리는 날쌘 열차

시속 200km 이상을 달리는 고속 열차

자동차를 2층으로 싣고 옮기는 수송 열차

지붕이 있어 곡물을 안전하게 나르는 유개 화차

큰 화물 상자를 실어 나르는 컨테이너 열차

세계에서 가장 오래된 미국 노면 전차

짧은 도시 구간을 운행하는 경전철

세계에서 가장 긴 현수식 일본 모노레일

열차의 역사 탐험

미국에서 개발한 초대형 텐더 증기 기관차예요. 상업 운전 역사상 최대 크기의 괴물 기관차로 빅 보이란 애칭으로 유명해요.
(최고 속도 72km/h, 출력 6,290ps)

열차는 바퀴 달린 마차의 발전으로 탄생했어요. 역사적으로 마차의 최초 탄생은 정확히 알 수 없어요. 다만 기원전 2200년경 바빌론에서 처음 만들어 사용한 것으로 추측할 뿐이에요.

소나 말이 끌던 마차는 1712년 영국의 기술자 토마스 뉴커먼이 수증기를 이용해 힘을 만들어 내는 엔진인 증기 기관을 발명하면서 비약적인 발전을 시작했어요.

1804년 영국의 발명가 리처드 트레비식이 고압 증기 기관을 설계하고, 이것을 동력으로 철제 궤도 위를 달리는 증기 기관차를 세계 최초로 발명하였어요.

1814년 영국의 철도 기술자 조지 스티븐슨이 리처드 트레비식의 증기 기관차를 개선하여 석탄 운반용 증기 기관차를 발명하였어요.

그 후 1825년 스톡턴-달링턴 구간을 운행하는 세계 최초 공공 철도가 개설되었어요.

조지 스티븐슨은 새로운 증기 기관차인 로코모션을 선보이고, 석탄과 밀가루를 싣고 직접 운전

1816년에 만든 유럽 최초의 산악 열차인 리기 철도.
(최고 속도 18km/h, 최대 기울기 25%)

했어요.

1829년 스티븐슨은 증기 기관차 로켓호를 발명하였어요. 이 증기 기관차는 시속 48킬로미터로 이전에 만든 증기 기관차보다 훨씬 더 빨랐어요.

1830년에는 맨체스터-리버풀 구간 철도가 정식으로 개통되었

어요. 이때부터 증기 기관차는 화물뿐 아니라 승객도 태우고 이동하게 되었어요.

증기 기관차의 성공 소식은 1829년 최초의 증기 철도가 개통된 미국에 빠르게 전해졌어요. 미국의 철도 개척자들은 날카로운 곡선과 거친 선로를 다룰 수 있도록 설계된 그들만의 기관차를 생산하기 시작했어요. 유니온 퍼시픽의 기관차 빅 보이는 증기 기관차 기술과 힘의 정점을 상징해요.

유럽의 다른 나라들 또한 영국의 철도 발전에 주목했어요. 프랑스는 1830년대와 1840년대에 철도를 건설하고 개통했어요. 1850

소나 말이 끄는 마차
마차는 바빌론에서 처음 만들어 사용한 것으로 추측해요.

증기 기관차
영국의 발명가 리처드 트레비식이 세계 최초로 증기 기관을 동력으로 한 증기 기관차를 발명하였어요.

세계 최초의 대륙 횡단 철도
세계 최초의 대륙 횡단 철도가 미국에서 완공되었어요. 동서 2,860킬로미터 구간이었어요.

년대에 이르러 열차는 유럽 전체로 확장되었어요. 전 세계적으로 증기 기관차는 기술이 발전함에 따라 이후 더 크고 강력해졌어요.

1840년대 들어 제국주의 국가들은 식민지 통제를 확고히 하고 수출을 위한 화물 운송을 위해 철도를 건설했어요. 그리하여 남미, 아프리카, 아시아에서 기차가 운행을 시작했어요. 식민지가 아니었던 일본에서는 1870년대 초에 철도가 개설되었어요.

1900년까지 철도는 사람이 살지 않는 남극 대륙을 제외한 모든 육지에서 운행되었어요.

1930년 러시아 최초의 디젤 기관차예요.
(최고 속도 80km/h)

독일의 발명가들은 기차에 동력을 공급하기 위한 다른 방법을 연구하기 시작했어요. 그리하여 1876년에 니콜라우스 오토가 가솔린 기관을 발명하였어요.

1879년에 베르너 폰 지멘스는 최초로 전기로 움직이는 전차를 발명하였어요.

1892년 독일의 발명가 루돌프 디젤이 최초의 디젤 엔진을 만들었어요. 하지만 실용적인 디젤 기관이 제작된 것은 1897년에야 이루어졌어요.

이후 가스 터빈 기관도 나왔지만 지금은 디젤 기관과 전동기에 의하여 운전되는 전기 기관차가 주를 이루고 있어요.

소나 말이 끄는 마차에서 발전해 온 열차는 현재 수소 전기 열차를 개발하는 단계까지 와 있어요.

과연 미래에는 또 어떤 열차가 개발되어 우리의 삶을 더 편리하게 할지 자못 궁금하지요?

조지 스티븐슨이 만들기 시작해 그의 아들 로버트 스티븐슨이 1829년 완성한 로켓호 증기 기관차예요. 세계 최초로 승객을 실어 날랐어요.
(최고 속도 46km/h)

철도 선로 너비는?

철도 선로의 너비는 1,435밀리미터가 표준궤입니다. 이것을 기준으로 하여, 이보다 좁은 것을 협궤, 넓은 것을 광궤라고 해요.

광궤는 주로 폭 1,524밀리미터와 1,676밀리미터의 선로를 말해요. 간격이 넓은 선로를 달려야 하므로 차량의 크기가 커서 안정적으로 달릴 수 있어요. 하지만 건설에 드는 재료나 완성하는 시간, 선로를 공사하는 비용이 커지는 단점이 있어요.

표준궤는 표준이 되는 선로로, 폭이 1,435밀리미터인 선로예요. 세계 철도의 약 70%가 표준궤를 사용하고 있어요.

협궤는 폭이 보통 1,067밀리미터인 선로예요. 열차를 이용하는 사람의 수가 적거나 교통이 복잡하지 않은 곳에 주로 만들어져요. 선로 간격이 좁기 때문에 건설에 드는 비용과 시간은 줄일 수 있지만, 표준궤나 광궤에 비해 안전성이 떨어질 수 있어요.

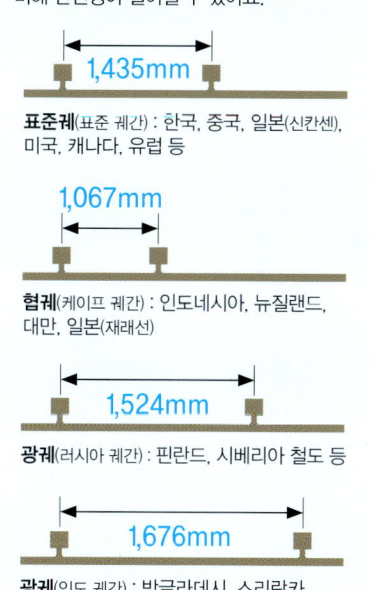

1,435mm
표준궤(표준 궤간) : 한국, 중국, 일본(신칸센), 미국, 캐나다, 유럽 등

1,067mm
협궤(케이프 궤간) : 인도네시아, 뉴질랜드, 대만, 일본(재래선)

1,524mm
광궤(러시아 궤간) : 핀란드, 시베리아 철도 등

1,676mm
광궤(인도 궤간) : 방글라데시, 스리랑카, 파키스탄, 인도, 아르헨티나, 칠레 등

1897
디젤 기관차
실용적인 디젤 기관의 제작은 1897년에야 이루어졌어요.

1964
고속 열차
일본에서 세계 최초의 고속 열차인 신칸센이 개통되었어요.

1971
자기 부상 열차
최초의 자기 부상 열차가 독일에서 개발되었어요.

지하철의 절반 수준으로 노선이 짧은 경전철

실어 나르는 양과 운전하는 거리가 기존 지하철의 절반 정도 수준으로 가벼운 무게의 전철이에요. 우리나라에서는 2011년도부터 원활한 도시 교통을 위해 도입했어요. 지하철에 비해 건설 비용이 적게 들고 매연과 소음이 적어 새로운 대중교통 수단의 하나로 관심받고 있어요. 모노레일, 에이지티(AGT : 차량을 컴퓨터의 자동 제어로 궤도 위에서 운행하는 교통 시스템), 트램 등과 같은 다양한 종류의 경전철이 있어요.

15~20킬로미터의 짧은 도시 구간을 운행해요.
버스에 비해 수송 능력이 우수해요. 최고 속도는 시속 80킬로미터예요.

지하든 지상이든 빠르게 달리는 전철

전기를 힘으로 하여 궤도 위를 달리는 철도예요. 땅속의 터널, 또는 지상을 빠른 속도로 달려요. 우리나라는 1970년대에 전철이 본격적으로 들어온 이후 2023년 현재 전철화율이 78.3%에 달해요. 한국철도공사가 발표한 자료에 의하면 2030년이면 무려 88%의 전철화를 이룰 것이라고 해요. 전철은 매연이 없고 사람을 많이 태울 수 있는 능력, 소음이 적고, 빠른 속도 등 많은 장점을 가진 친환경적인 교통수단이에요.

도로 교통에 영향을 주지 않고, 정시에 출발하고 정시에 도착해요. 최고 속도는 시속 90킬로미터예요.

대만 가오슝 경전철

대한민국 용인 경전철

아르헨티나 부에노스아이레스 경전철

캐나다 토론토 경전철

무인 자동 운전 시스템을 갖추고 있어서 인건비가 지하 철도의 반밖에 안 들어요. 특히 고무 바퀴라 달릴 때 소음과 진동이 없어서 승차감이 무척 좋아요.

미국 달라스 경전철

건설비가 전기 철도의 40%밖에 안 돼요. 유지비도 저렴하고, 친환경적이에요. 1960년대에 처음 도입되었고 우리나라에서는 2011년에 개통되었어요.

영국 런던 전철

전철은 1834년 미국에서 왕복 운동 전동기로 기관차를 만들면서 처음 등장했어요. 1881년 독일에서 세계 최초로 직류 방식 전기 철도를 운행했어요.

대만 전철

전철의 장점은 끌어서 낭기는 힘이 크고 가속과 감속이 쉬워서 고속 성능이 뛰어난 점이에요. 단위당 전기 사용이 적어 경제적이에요. 또한 공기를 오염시키지 않고 소음이 적어요.

스페인 마드리드 전철

전철의 단점은 차량비를 포함하여 초기 공사 금액이 크다는 점이에요. 그리고 전력을 바꾸거나 전차선 시설에 대한 수리비가 커요.

세계에서 제일 빠른 고속 열차는 무엇일까요?
최고 속도가 시속 355킬로미터인 중국의 도시간 고속 철도 하모니 CRH 380A형 전철이에요. 물고기 머리 모양의 이 열차는 특수 알루미늄으로 설계되어 무게가 가벼워요. 494명이 탈 수 있고, 일등 개인실을 제외한 모든 좌석은 회전이 가능해요.

빠른 속도로 달리는 고속 열차

시속 200킬로미터 이상의 빠른 속도로 운행하는 열차예요. 전 세계적으로 자동차와 비행기에 밀려 도태되어 가던 철도 교통을 다시 일으켜 세운 일등 공신이지요. 고속 철도는 1964년 10월 세계 최초로 일본의 신칸센이 개통하면서 막을 열었어요. 팬터그래프(기관차의 지붕 위에 달아 전선에서 전기를 끌어 들이는 장치)로 전기를 공급받아요.

KTX 케이티엑스 (최고 속도 305km/h)
우리나라의 고속 철도로, 한국철도공사가 운영하고 있어요. 2004년 4월 경부선, 2015년 4월에 호남선을 개통하였어요.

선로 위를 떠서 달리는 자기 부상 열차

자기 부상 열차란 자기력을 이용하여 차량을 일정한 높이의 궤도 위로 띄워 주행하는 열차를 말해요. *리니어 모터(직선 운동으로 움직이는 전동기)가 움직이는 힘으로 달리며, 고속 구동이나 고가속이 가능해요. 지면에서 2센티미터 떠서 운행하므로 바닥 때문에 생기는 마찰이 매우 작아요. 따라서 속력을 크게 낼 수 있고, 진동과 소음이 적어 승차감이 좋으며, 에너지 소모량도 줄어들어요. ※은 144쪽 용어 설명 참조.

SMT 상하이 자기 부상 열차 (최고 속도 430km/h)
2002년에 세계에서 3번째로 상용 주행한 자기 부상 열차로, 2개의 역을 7분 20초 만에 주파해요. 원래의 열차는 독일에서 기술을 제공한 자기 부상 열차 '트랜스래피드 08'이에요.

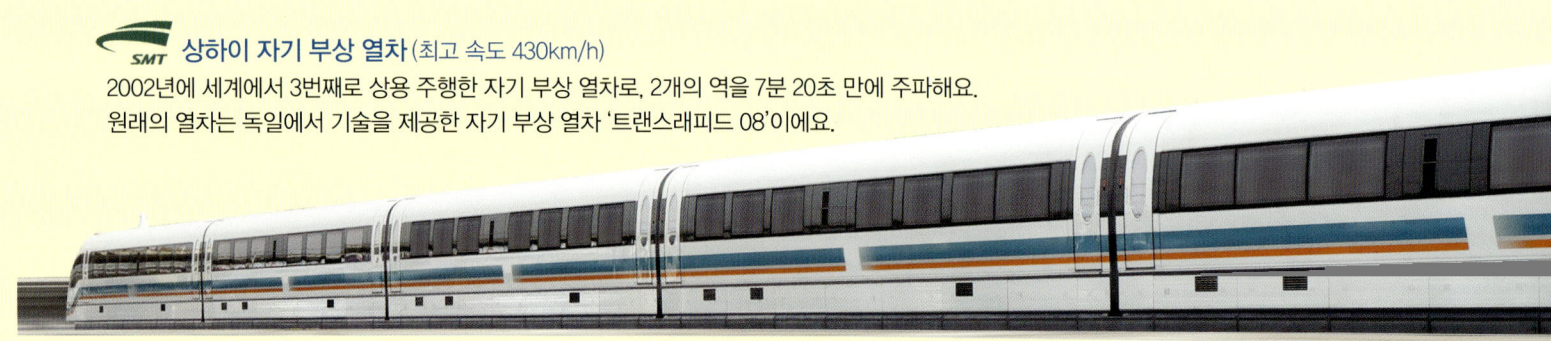

독일 고속 열차 ICE

1991년에 개통된 고속 열차예요.
최고 속도는 시속 330킬로미터예요.

대만 고속 열차

2007년에 개통되었어요.
최고 속도는 시속 300킬로미터예요.

일본 고속 열차 신칸센

1964년에 개통되었어요. 정시 출발, 정시 도착 시스템이 도입됐어요. 최고 속도는 시속 320킬로미터예요.

KTX 산천은 KTX 후속의 고속 철도 차량으로 대부분의 주요 부품을 국산화하는 데 성공했어요.

중국 고속 열차 CRH

하이퍼루프

자기 부상 열차의 미래로 불리는 고속 교통 수단 방식이에요. 공기 압력이 낮은 관을 사용해서 공기 저항을 줄이는 방법을 이용해요. 궤도에서 10센티미터 정도 위로 띄운 열차를 뒤에서 공기로 밀어서 빠른 속도로 달리게 하는 방법이에요. 우리나라, 미국, 영국에서 많은 연구를 하고 있어요.

초전도식 자기 부상 열차

초전도체 전자석으로 10센티미터나 뜰 수 있어요. 고속 세어는 유리하지만 비용이 비싸요. 긴 선로를 극저온으로 유지하기 어려워요.

인천공항 자기 부상 열차 (최고 속도 80km/h)

1터미널역에서 용유역 사이를 잇는 우리나라 최초의 자기 부상 열차예요. 2016년에 개동되었으며, 노선 설계는 인천국제공항공사가 맡았어요.

자기 부상 열차는 어떻게 움직일까요?

자기 부상 열차는 같은 극끼리 밀어내고 다른 극끼리 잡아 당기는 자석의 원리를 이용하여 만들어졌어요. 선로와 열차 바닥에 N극과 S극이 있어요. 같은 극끼리는 밀어내서 열차가 위로 뜨고 다른 극끼리는 서로 끌어당겨서 열차가 앞으로 나아가요. 자기 부상 열차에 쓰이는 자석의 종류에 따라 전자석 방식, 영구 자석 방식, 초전도 자석 방식으로 나눌 수 있어요. 전자석 방식에서 강자성체와 부상용 전자석은 서로 같은 극이라서 밀어내는 힘으로 뜰 수 있어요.

전자석 방식 — 선로 / 강자성체 / 부상용 전자석

137

도로에 설치한 레일을 달리는 노면 전차

도로의 일부에 설치한 레일 위를 운행하는 전차예요. 1887년 미국에서 현재와 같은 방식의 노면 전차가 개발되었어요. 1920년대 이후에는 버스의 보급으로 점점 줄어들어, 미국에서는 대부분의 도시에서 노면 전차가 없어졌어요. 하지만 독일을 중심으로 한 유럽 여러 나라는 전차(트램)의 기능을 향상시켜서 여전히 이용하고 있어요. 전차의 전용 노선을 만들고, 지하 터널로 지어서 버스보다 많은 사람을 태울 수 있는 능력을 갖춘 도시가 많아요.

에스토니아 노면 전차
가선 : 노면 전차에 전기를 공급하는 1개 이상의 가공된 전선.
노선 표지판 : 노면 전차의 앞면, 뒷면, 측면에 있는 화면. 노선 번호를 표시해요.
모터 대차 : 이중 축의 대차. 전기 모터에 의해 철제 바퀴가 움직이면서 선로를 따라 달려요.
팬터그래프 : 노면 전차의 지붕 위에 마디로 이어진 기계 장치. 가선으로부터 전기를 끌어들여요.

레일이 한 가닥인 모노레일

선로가 한 가닥인 철도예요. 차체가 선로에 매달리는 방식(*현수식)과 선로 위를 구르는 방식(*과좌식)이 있어요. 세계 최초의 모노레일은 1825년 런던 근처의 체선트에서 개통되었어요. 원래는 벽돌 운반을 위해 설계했지만 승객도 태울 수 있었어요. 1901년 독일 부퍼탈에서 개통된 부퍼탈 모노레일은 열차가 선로에 매달려서 이동하는 방식인데, 지금도 시내를 가로지르는 중요한 교통수단이에요. 모노레일 이후로 고무 차륜 열차, 자기 부상 열차 등 모노레일의 단점을 해결한 새로운 교통수단이 생겨났어요. ※은 144쪽 용어 설명 참조.

기관사 없이 자동으로 운전하는 모노레일이에요. 유람용, 대중 교통용 모노레일이 있어요.

러시아 모노레일

오스트리아 노면 전차

노면 전차는 시가 전차 또는 트램이라고도 불러요. 1879년 독일 베를린 박람회에서 시험 주행을 한 후 1881년에 베를린 교외에서 운행이 개시되었어요.

미국 노면 전차

뉴올리언스 전차 노선은 1893년에 운행을 시작했어요. 노면 전차의 일반적인 속도는 시속 40킬로미터예요.

체코 노면 전차

일반 철로를 고속으로 달릴 수 있는 노면 전차를 트램-트레인이라고 해요. 최고 속도가 시속 100킬로미터까지 나와요.

전기를 받아 움직여서 환경을 해치지 않는 교통 수단이에요.

일본 치바 모노레일

고가 도로처럼 높은 곳을 달리기 때문에 다른 교통의 방해를 받지 않아요. 일반 철도에 비해 건설비가 싸고 설치 장소를 적게 차지해요. 세계에서 가장 긴 현수식이에요.

호주 골드 코스트 모노레일

철도에 비하여 고속 성능이 떨어지고 고무 타이어로 인해 단위당 전기 사용이 높아요. 보통 철도와 궤도 방식이 달라서 다른 철도와 연결할 수 없어요.

독일 부퍼탈 모노레일

모노레일은 차량이 궤도 하부에 매달려서 운행하는 현수식, 모노레일 차량이 궤도 상부를 운행하는 과좌식이 있어요. 둘 다 궤도에서 벗어나지 않도록 되어 있어서 매우 안전해요.

화물을 나르는 무개 화차 & 유개 화차

무개 화차는 덮개나 지붕은 없고, 옆판과 밑판만 있는 화물차예요. 통나무 등을 싣는 데 적합해요. 직사각형으로 곧게 뻗은 것을 곤돌라, 깔때기처럼 생긴 것을 호퍼차라고 해요. 위에서 쏟아내야 하는 가루, 고체 모양의 포장하지 않은 물건을 주로 다루어요.
유개 화차는 비나 눈, 물을 막는 지붕이 있고 옆면에 미닫이문이 있는 화물차예요.

태국 무개 화차 석탄, 자갈, 광석 등을 실어 나를 때 사용해요. 자동차에서는 컨버터블을 무개차라고 불러요. 지붕이 없는 차라는 의미예요.

무개 화차는 지붕이 없는 화물차이므로 주로 비에 젖어도 되는 물건을 실어요.

액체를 나르는 조차 쇠로 된 상자를 수송하는 컨테이너 열차

조차는 액체나 고압가스, 시멘트 분말 등을 나르기 위해
대차(차량이 레일 위로 안전하게 달리도록 하는 바퀴가 달린 차) 위에 탱크가 설치된 차량이에요.
화물칸은 샐 틈이 없이 닫을 수 있게 만들어졌고 여러 개의 탱크가 연결되어 있어요.
컨테이너 열차는 쇠로 만들어진 큰 상자인 컨테이너를 수송하기 위해 운행되는 기차예요.
짐 꾸리기가 편하고 옮겨 나르기가 쉬우며, 안에 든 물건을 보호하는
장점이 있어요. 바닥이 평평하고 컨테이너를 고정하는 장치가 있어요.

조차의 종류로는 유조차, 아스팔트 조차, 황산 조차, 염산 조차, 벌크 시멘트 조차, 프로필렌 조차 등이 있어요.

미국 조차

무개 화차

고철이나 건축 재료 같은 무거운 화물을 운반하고 긴 나무 토막을 나르기도 해요.

러시아 유개 화차

박스형 구조로 비, 눈을 비롯하여 도난으로부터 보호해야 할 화물을 운반해요.

우크라이나 무개 화차

유개 화차 쌀, 시멘트, 옥수수, 비료, 종이 등 비에 젖으면 안 되는 물건, 불에 타기 쉬운 화물 등을 실어 나를 때 사용해요. 유개 화차의 화물칸은 자동차 탑차의 화물칸과 비슷하게 생겼어요.

일반적으로 유개 화차는 옆면에 달린 미닫이문을 통해 물건을 싣고 내려요.

캐나다 조차

조차는 화물이 넘치거나 밖으로 새거나 이물질이 섞이지 않게 실어 나를 수 있어요.

인도네시아 조차

기름과 같은 액체, 화학 약품 가루, 시멘트 분말 등을 포장 없이 실어 날라요.

컨테이너 열차

5톤급(길이 3미터)의 컨테이너가 사용되지만 10톤급(길이 6미터)의 해상 컨테이너도 컨테이너 열차로 취급해요.

컨테이너 열차

등산하는 산악 열차 기울어지는 틸팅 열차

산악 열차는 높고 험한 산을 오가는 열차예요. 등산 열차라고도 해요. 산악 열차에는 톱니바퀴가 달려 있는데 톱니 모양의 레일과 맞물려서 경사진 곳도 미끄러지지 않고 잘 올라가요. 산악 열차가 산을 오르는 방법에는 *강삭 철도 방식, *치상 궤도 방식, *스위치백 방식, *루프식 철도가 있어요.

틸팅 열차는 곡선 레일을 지날 때 차체를 회전 방향 안쪽으로 기울여 원심력(원운동 하는 물체가 중심 밖으로 나가려는 힘)을 줄여서 열차가 속도를 크게 줄이지 않은 상태에서도 바퀴가 레일을 벗어나지 않고 주행할 수 있도록 만든 차량이에요.

*은 144쪽 용어 설명 참조.

곡선 레일을 돌 때 몸체가 기울어져요. 최고 속도는 시속 220킬로미터예요.

독일 틸팅 열차

자동차 수송 열차 & 철판 코일 열차

자동차 수송 열차는 차량을 옮겨 나르기 위해 여러 층으로 나누어진 화물차예요. 공장에서 만들어진 새 자동차를 한꺼번에 옮길 때 이용해요. 자동차는 줄로 고정시켜요.

철판 코일 열차는 효과적으로 화물을 싣기 위해 화물을 실어 나르는 차마다 화물칸의 모양이 달라요. 동그랗게 감겨 있는 철판이 굴러가지 않도록 고정 장치가 있어요.

자동차 공장에서 제품이 만들어지면 자동차 수송 열차에 실어 전국으로 이송해요.

독일 쿡스하펜 자동차 수송 열차

일본 산악 열차

스위스 산악 열차

강삭 철도는 열차에 강철 케이블을 연결하고 그 반대쪽을 언덕 끝의 엔진에 연결해 끌어올리는 방식이에요. 심한 급경사 구간에 이용해요.

스위스 고타드 틸팅 열차

미국 뉴햄프셔 워싱턴산 레일

스위스 산악 열차

워싱턴산의 산악 열차는 치상 궤도 방식으로 산을 올라가요. 즉 철로 중간에 깔려 있는 톱니 선로와 차량 밑에 달려 있는 톱니바퀴가 서로 맞물리며 언덕을 올라가요.

자동차 수송 열차

인도 철판 코일 열차

철판 코일을 실어 나를 때는 V자 형태로 홈이 파인 구조물 위에 올린 뒤 줄로 단단히 묶어야 해요.

철판 코일 열차

제철소에서 철판을 눌러 얇게 편 뒤 돌돌 만 것을 철판 코일이라고 해요. 철판 코일 1개의 무게는 무려 15톤에 달해요.

수소 연료 전지 열차는 무엇일까요?

환경오염과 기후 변화 문제가 심각해지면서 탄소를 배출하는 화석 연료를 대체할 친환경 에너지에 관심이 높아지고 있어요. 수소 연료 전지 열차는 그러한 관심의 하나예요. 열차 지붕에 둔 수소(수소 탱크)를 연료로 하여 연료 전지에서 전기가 만들어지면 열차의 밑부분 배터리에 전기가 공급되고, 배터리의 전기는 인버터를 거쳐 모터에 공급되어 열차를 움직여요. 중요한 것은 전기를 만드는 과정에서 물을 방출하는 것 외에는 탄소를 전혀 만들지 않아 환경을 오염시키지 않는다는 점이에요.

용어 설명

가솔린
흔히 말하는 '휘발유'예요. 액체가 기체로 바뀌는 휘발성이 강해요. 무색의 투명한 기름으로, 승용차에 많이 쓰이는 연료예요.

강삭 철도
케이블 철도라고도 해요. 선로 위에 설치된 차량을 밧줄을 통해 견인하여 운행하는 철도예요. 대개 급경사면에 교통을 확보하기 위하여 사용해요.

경광등
긴급함을 알리기 위해 차의 위쪽에 다는 붉은빛을 발하는 등이에요. 경찰차나 소방차, 구급차 등에 쓰여요.

고사포
항공기를 사격하는 데 쓰는 포예요. 보통 앙각(올려다보는 각)이 커요.

공압
압축 공기에 의한 압력. 압축성 기체를 펌프 등으로 밀어 냈을 때 빠져나오는 압력을 말해요.

과좌식
선로가 하나뿐인 모노레일이 선로 위를 구르며 달리는 방식을 말해요.

내연 기관
열에너지로 움직이는 열기관의 한 종류로, 연료와 공기 등의 산화제를 연소실 내부에서 연소시켜 에너지를 얻는 기관이에요.

노치드 쿠페
트렁크가 있는 쿠페 차량으로, 지붕 라인이 차의 끝부분까지 떨어지지 않고 트렁크 시작 부분까지 있는 경우를 말해요.

디젤 기관
독일의 디젤이 발명한 내연 기관. 실린더 안에서 공기만을 고온으로 압축한 뒤 경유나 중유를 분사하여 자연 발화로 점화하고 폭발하게 하여 피스톤을 움직여요.

로로(Lift-On/Lift-Off)선
선체에 크레인이 장착되어 있는 화물선이에요. LOLO선은 장착된 크레인을 사용하여 화물을 취급할 수 있어요.

로로(Roll-On/Roll-Off)선
선박의 앞뒤나 양쪽 가장자리 부분에 설치되어 있는 입구를 통해 트럭이나 지게차를 이용하여 컨테이너를 싣거나, 자동차 등을 램프를 통하여 바로 실을 수 있도록 만들어진 배예요.

로터
발전기, 전동기, 터빈, 수차 등의 회전 기계에서 회전하는 부분을 통틀어 이르는 말이에요. 회전자라고도 해요.

루프식 철도
경사진 산지 지형을 운행하기 위한 특수 철도 시설. 선로를 고리처럼 둥근 모양으로 우회하도록 만든 철도예요. 지형의 어려움을 극복하기 위해 선로를 나선형으로 빙 돌아서 급경사 산지를 통과하도록 한 것이에요.

리니어 모터
회전 운동을 직선 운동으로 바꿔 주는 모터예요. 일반 모터는 회전 운동을 하지만 리니어 모터는 직선 운동을 해요.

모빌리티
사전적으로는 유동성 또는 이동성·기동성을 뜻하는 말로, 일반적으로 사람들의 이동을 편리하게 하는 데 기여하는 각종 서비스나 이동 수단을 일컫는 말로 사용되어요.

모터스포츠
엔진모터로 움직이는 차량이나 보트로 속도·시간·거리·성능 등을 겨루는 경주를 일컬어요.

모터홈
움직이는 집으로 불리고 있어요. 침대가 있고 화장실도 있어요. 조리가 가능한 공간과 거실 공간이 있어요. 단점은 높이가 높고, 길이가 길어요.

미사일
유도탄이라고도 불러요. 목표물을 타격하기 위해 유도 기능을 탑재한 로켓 무기를 가리켜요.

밴
화물을 나르는 포장마차라는 뜻으로, 지붕을 고정해 상자 꼴의 화물실을 갖춘 트럭을 통틀어 일컬어요. 짐 싣는 기능에 더 무게를 두는 차량이에요.

버티포트
공항, 지하철역 역할을 하는 수직 이착륙 비행장이에요. 환승 센터, 터미널 또는 버스 정류장처럼 활용해서 비행할 수 있어요.

변속기
각종 엔진에서 발생하는 동력을 속도에 따라 필요한 회전력으로 바꾸어 전달하는 변속 장치예요. 트랜스미션이라고도 해요.

보닛
차량 앞쪽의 엔진룸이나 뒤쪽의 트렁크를 덮고 있는 열었다 닫았다 할 수 있는 덮개예요.

부력
기체나 액체 속에 있는 물체가 그 물체에 작용하는 압력에 의하여 중력에 반대하여 위로 뜨려는 힘이에요. 물체에 작용하는 부력이 중력보다 크면 떠요. 이 원리로 배가 물에서 떠요.

서킷
모터 스포츠 경기가 진행되는 경주장이에요. 일정 거리 혹은 일정 시간 동안 반복 주행하는 형태의 경기장이에요.

소나
항법 및 거리 측정 음향(Sound Of Navigation And Ranging) 줄여서 소나(SONAR)라 불러요. 음파탐지기 또는 음파를 이용해 방향과 거리를 탐지하는 전술이에요. 소리를 이용해 목표를 탐지하는 장치를 가리켜요.

소프트톱
컨버터블 모델의 종류로 루프가 방수 천이나 가죽 또는 합성 섬유로 되어 있어요. 루프는 자동차의 지붕이에요.

순양함
항공모함, 전함보다 작고 구축함보다 큰 전투함이에요.

스위치백 방식
높이의 많은 차이를 가진 두 지역에 선로를 지을 때, 열차가 운전할 수 있는 기울기의 선로를 지그재그형으로 여러 층 지어서 열차가 톱질하는 식으로 전진과 후진을 반복하며 오르게 하고 있어요.

스태빌라이저
자동차의 차체가 좌우로 기우는 것을 줄이기 위해 장착하는 자세 안정 장치예요. 앞뒤 바퀴에 모두 쓰여요.

스텔스
항공기나 유도탄을 제작할 때, 레이더 전파를 흡수하는 형상·재료·도장을 사용하여 레이너에 의한 탐지를 어렵게 하는 기술이에요.

실린더
내연 기관·증기 기관·펌프에서 피스톤이 왕복 운동을 하는 부분. 기통이라고도 해요. 실린더 안에 연료를 공기와 함께 뿜어 넣고 점화·폭발시켜, 그 폭발력으로 피스톤을 움직여요.

양력
운동하는 물체의 운동 방향과 수직 방향으로 작용하는 힘이에요. 특히 비행기는 날개에서 생기는 이 힘에 의하여 공중을 날 수 있어요.

어뢰
자체 추진 능력을 가진 함선을 공격하기 위한 미사일이에요. 함정이나 항공기에서 발사, 투하하면 전진해서 목표에 부딪혀 폭발해요.

엔진
열에너지를 기계적 에너지로 바꾸는 장치예요. 기계적인 동력을 발생시키기 위해 연료를 연소시켜요.

엠블럼
국가나 단체 또는 기업의 상징으로 쓰이는 문장이에요. 일반적으로는 배지와 표장을 말하고, 차량 제조 회사명이나 차의 이름 등을 디자인하여 마크로 만든 것을 말해요.

왜건
세단 또는 하드톱의 지붕이 뒤까지 수평으로 뻗어 있고, 뒤쪽에 문이 달린 승용차예요. 좌석은 2열인 4~6인승과 3열인 6~9인승이 있으며, 제2열 이후의 좌석은 접어서 화물칸으로 사용할 수 있어요. 외관은 세단형 승용차에 비교해 뒤 차체와 트렁크가 길게 늘어진 모양이에요.

원동기
열에너지를 기계적 에너지로 바꾸는 장치예요. 흔히 모터바이크예요. 125cc 미만의 소형 오토바이를 지칭해요.

웰도크
물이 차오르는 갑판으로 소형 상륙정이나 상륙 돌격 장갑차를 출발시켜요.

유압
기름에 압력을 가해서 피스톤의 동력 기계를 작동하는 일이에요.

이착함
비행기가 항공 모함의 갑판에서 이륙하고 내려앉는 것이에요.

증기 기관
보일러에서 보낸 증기의 팽창과 응축을 이용하여 피스톤을 왕복 운동시킴으로써 동력을 얻는 기관이에요.

지브
기중기에서 앞으로 내뻗친 팔뚝 모양의 긴 장치예요. 기중기 끝 작은 고리에 달린 갈고리나 통으로 물건을 달아 올리거나 옮겨요.

출력
엔진, 전동기, 발전기가 외부에 공급하는 기계적·전기적 힘이에요. 원동기, 펌프 기계나 장치가 입력을 받아 외부로 해낼 수 있는 일의 양이에요.

치상 궤도
궤도 중간에 깔은 톱니 선로와, 열차 바퀴 중간에 단 톱니바퀴가 맞물리면서 산을 오르내리는 방식이에요.

캠퍼밴
자동차 캠핑에 이용하는 자동차. 밴 내부를 간단한 시설로 개조해 자고, 요리하고, 운전도 가능한 최적의 조건으로 바꿔 놓았어요. 모터홈에 비해 상대적으로 작고, 캠퍼밴에는 대부분 화장실이 없어요.

쿠페
차 높이가 낮고, 문이 2개이며, 천장의 높이가 운전석 위치에 가까운 곳에서 최고점을 찍고, 뒤로 갈수록 낮아지는 라인을 갖는 차량을 말해요. 쿠페는 세단에 비해 뒤로 낮아질 때 급격한 각도를 이루어요.

클러치
자동차에서, 속도 조절을 위해 기어를 바꿀

용어 설명

때 동력을 전달하거나 차단하는 장치예요. 발로 밟아서 작동해요.

토크
내연 기관의 크랭크축에 일어나는 회전력이에요. 일반적으로 물체를 한 점의 주위로 회전시키는 힘의 양을 말해요. 하나의 축에 1미터 길이의 막대를 직각으로 달고 그 끝에 1킬로그램짜리 추를 달았을 때 축에 전달되는 회전력이 1kgf·m예요.

트레일러
동력 없이 견인차에 연결하여 짐이나 사람을 실어 나르는 차량이에요.

특허
지식 재산권의 하나예요. 물건이나 기술, 방법 등을 발명했을 때 보호할 가치가 있다고 판단하여 국가에서 인정해 주는 소유권이에요.

패스트백 쿠페
트렁크가 없고 지붕 라인이 차의 끝부분까지 떨어지는 쿠페 차량을 말해요.

폭뢰
바닷속에 있는 적의 잠수함을 파괴하기 위한 대잠수함 공격무기예요.

풍동
항공기나 우주선이 특정 속도 고도로 비행하는 환경을 지상에서 유체 역학적으로 예측하기 위해 사용하는 장치예요. 보통 축소 모형을 넣어 두고, 바람을 일으켜서 예측해요.

하드톱
지붕을 딱딱한 재질의 소재로 만든 차량이에요. 운전 중 또는 정지 상태에서 전동으로 차량의 지붕을 여닫을 수 있어요.

함교
선박에서 주위 상황을 파악하고 선박을 조타, 선원을 지휘하기 위해 갑판 상부에 높이 솟아 올려 지은 구조물이에요. 함선에서 중추적인 역할을 하는 장소예요.

해치백
뒷좌석 공간과 짐을 싣는 트렁크가 합쳐져 있는 승용차예요. 해치라고도 불리는 테일게이트를 들어 올리면 트렁크가 나와요. 해치백은 뒷좌석을 접을 수도 있어요.

현수식
열차가 궤도 하부에 매달려서 운행하는 방식이에요. 초기의 모노레일 방식이고 지금은 많이 쓰이지 않아요.

AAM(Advanced Air Mobility)
선진 항공 교통. UAM보다 확장된 개념이에요. 도심의 교통 혼잡 문제를 해결하고 섬, 산간 지역 교통 접근성까지 개선할 수 있는 전동 수직 이착륙 비행체예요.

ABS(Anti-lock Brake System)
급제동할 때 차가 미끄러지는 현상을 방지하기 위해 개발된 특수 브레이크예요. 급제동할 때 바퀴가 미끄러지지 않도록 브레이크를 밟았다 놓았다 하는 펌핑을 해주어야 해요. 이 펌핑 작동을 1초에 10회 이상 반복되면서 제동이 이루어지도록 하는 장치예요.

ADAS(Advanced Driver Assistance Systems)
첨단 운전자 지원 시스템이에요. 가장 큰 장점은 객체와 차량 환경을 모두 감지할 수 있다는 것이에요. 안정적으로 교통 상황을 예측할 수 있어요. ADAS는 충돌 위험시 운전자가 제동장치를 밟지 않아도 스스로 속도를 줄이거나 멈추는 기능 등을 포함해요.

eVTOL(electric Vertical Take-Off and Landing)
전기로 구동되는 전동 수직 이착륙기. 대표적인 형태로는 멀티콥터, 리프트 앤드 크루즈, 벡터드 스러스트 등이 있어요. 각 유형은 장단점이 있어 용도나 지역 등의 특성에 따라 효율적인 것을 채택하게 되어요.

LNG
천연가스를 영하 162도의 상태에서 냉각하여 액화하는 과정에서 부피가 600분의 1로 압축된 무색 투명한 액체예요. 정제 과정을 거쳐 순수 메탄의 성분이 매우 높고 수분 함량이 없어요.

LPG
석유 성분 중 끓는점이 낮은 탄화수소를 상온에서 압력을 가해서 액화한 것이에요. 이 가스를 압력용기(봄베)에 충전해서 가정용·업무용·공업용·자동차용 등의 연료로 널리 사용해요.

MPV(Multi-Purpose Vehicle)
차 지붕이 높고 뒷좌석이 트렁크와 길게 합쳐져 있고 차체가 긴 차량이에요. 큰 짐을 실을 수 있고, 대가족이 탈 수 있는 다용도로 이용 가능한 차량이에요.

PAV(Personal Air Vehicle)
도심 내 상공을 자유롭게 이동하며, 이동 시간을 획기적으로 줄여주는 미래 교통수단이에요. 개인용 비행체는 수직 이착륙할 수 있어 활주로 없이도 이동할 수 있는 비행체예요.

PCTC선
자동차와 트럭을 같이 수송할 수 있는 배예요. 현대글로비스가 세계 2위의 자동차 운반선 기업이에요.

SUV(Sport Utility Vehicle)
험한 도로에서 주행 능력이 뛰어나 각종 스포츠 활동에 적합한 스포츠형 다목적 차량이에요. SUV는 안 좋은 날씨에도 쉽게 달릴 수 있고, 차량을 개조하지 않고도 비포장도로와 같은 험한 길을 달리는 능력이 뛰어나 각종 스포츠 활동에 적합한 차량이에요.

찾아보기

ㄱ

가솔린	20
가솔린 엔진	47
가스 기구	122
가스 운반선	86
갑판 승강식 플랫폼	93
강삭 철도 방식	142, 143
갤리언	84, 85
겨울용 타이어	41
견인차	24
경전철	134
경찰차	25
계기판	35
고물 프로펠러	91
고상 버스	42
고소 작업차	26
고속 열차	136
과좌식	138, 139
구급차	27
구난차	24
구축함	87
굴절 버스	43
굴착기	28
그루브	41
글라이더	116
기중기	69

ㄴ

나로호	118
나스카 레이스	33
노면 전차	138
노면 청소차	29
노치드 쿠페	66
노치백	78

누리호	118
니콜라우스 오토	133

ㄷ

다누리	125
다임러	20
다임러의 이륜차	21
다카르 랠리	33
대공 미사일	110
대차	140
대한민국 경찰버스	25
대한민국 경찰차	25
대형 승합자동차	42
WRC 랠리	33
덤프카	30
덤프트럭	30
도심 항공 교통(UAM)	59
동력 비행기	114
두바이 경찰차	25
드론	117
드릴십 시추선	92
등산 열차	142
디젤 엔진	22, 133

ㄹ

라이트 플라이어	114, 115
라이트 형제	114
랜섬 올즈	21
레디 믹스드 콘크리트	31
레미콘 차	31
레이싱 카	32
레저용 차량	22
렉커	24
로더	34
로로(LOLO)선	100
로로(RORO)선	95
로지에르 기구	122
로켓	118
루돌프 디젤	133
루드비그 노벨	94
루프식 철도	142

르노 닛산 미쓰비시	80
르망 24시 내구 레이스	33
리니어 모터	136
리무지네	46
리무진	36
린드버그	115
릴리엔탈	114

ㅁ

마스트	34
메러디스 빅토리호	101
메르세데스-벤츠	20, 81
모노레일	138
모터사이클	38
모터스포츠 대회	32
몽골피에 형제	114
무개 화차	140
무인 비행 물체	117
무인 촬영기	117
미국 하와이 경찰차	25

ㅂ

바이킹 배	84
반잠수식 시추선	92
방탄차	37
배 용어	103
배거 288	28
배기량	24
배의 역사	84
백업 맨	33
밴	40
버스	42
버티포트	59
범선	84
베를리나	46
베를린	46
벤틀리	61
벨라즈 광산용 덤프트럭	30
보잉사	121, 127
보트 종류	89
보트	88

볼보트럭		70
부력		105
부퍼탈 모노레일		138
BMW		81
비정기 연락선		104
B필러		36
비행기의 구조와 원리		123
비행기의 역사		114
비행선		114, 122

ㅅ

사계절용 타이어		41
사이렌		25
사이프		41
4행정 기관		67
산악 열차		142
산악 자전거		44
살수차		29
삼륜차		20
상륙 수송함		90
서킷		33
선박 왕국		85
설룬		46
세계 3대 모터스포츠		32
세단		46
소방차		48
소방차의 구조		48
소프트톱		64
스텔란티스		81
쇄빙선		91
쇄빙선의 원리		91
수륙 양용차		71
수소 연료 전지 열차		143
수소 연료 전지 자동차		50
수소 탱크		50
수소		50
수직 이착륙 기체		59
순양함		87, 111
스위치 백 방식		142
스쿠터		38
스쿨버스		42
스태빌라이저		33

스텔스 기술		126
스톡턴-달링턴 구간		132
스트래토론치		121
스페이스X		119
스포츠카		52
슬릭 타이어		41
승강식 시추선		93
시추선		92
시트로엥		21, 81
신칸센		136, 137
신항로 발견		86
쓰레기 수거차		54

ㅇ

아델		114
아라온호		91
RV		22
앰뷸런스		27
양력		123
에버에이스호		100
SUV		22
에어버스		115, 121
AAM		59
에이지티(AGT)		134
F-22 랩터 스텔스 전투기		127
F1		32
FEU		100
엔진		22
LCTC선		95
LNG선		86
LPG선		86
MPV		22
여객기		120
여객선		104
연료 전지 자동차		50
연비		47
연예인 차		41
열기구		122
열차의 역사		132
영국 경찰차		25
예인선		94
오토바이		38

요트		88
용달차		55
요트 경기		89
우주 발사체		118
우주 왕복선		124
우주선		124
원더오브더시즈호		103
원동기		38
원자력 잠수함		96
원자력 추진 항공 모함		109
웰도크		90
윙바디		55
유개 화차		140
유나이티드스테이츠호		99
UAM		59
유조선		94
eVTOL		59
이륜차 시대		20
이물		91
이앙기		75
이지스 전투 시스템		111
이지스함		111
2행정 사이클 가솔린 기관		20
인공위성		124
인디애나폴리스 500마일 대회		33
인천공항 자기 부상 열차		137
일반 자전거		44
일반 화물 자동차		55

ㅈ

자기 부상 열차		136
자기 부상 열차는 어떻게 움직일까		137
자동차 경고등		35
자동차 브랜드		80
자동차 수송 열차		142
자동차 운반선		95
자동차 운반차		24
자동차의 미래		59
자동차의 역사		20
자전거 대회		45
잠수함		96
잭 맨		33

저상 버스 42	컨테이너 화물 자동차 63	팝업넥스트 59
저에너지 전이 125	컨테이너선 100	패널 밴 40
저인망 어선 106	컨테이너선의 구조 101	패러글라이더 116
전기 자동차 56	KF-21 보라매 126	패스트백 쿠페 66
전철 134	KTX 136	팬터그래프 136
전투 함정 96	KTX 산천 137	팰컨 1 119
전투기 126	콤바인 68	페라리 81
정기 연락선 104	쿠페 66	페라리 F1 머신 32
정찰기 128	퀴뇨 20	페리선 104
제동 장치 79	크레인 69	포드 81
제로백 53	크롤러 굴착기 28	포드 모델-T 21
제설차 58	크루즈선 102	포뮬러 1 32
조정 98		폭스바겐 80
조지 스티븐슨 132	**ㅌ**	폭스바겐 비틀 21
조차 140		프런트 윙 어저스터 33
조향 장치 79	토요타 80	프렐류드 FLNG 92
증기 자동차 20	타이어 41	플러그인 하이브리드 76
증기선 84, 85	타이어 거너 33	PC선 95
지게차 34	타이어 오프 33	PCTC선 95
지리 81	타이어 온 33	PAV 59
GM 81	타이타닉호 84	피트 크루 33
	타이푼급 잠수함 97	필 P50 73
ㅊ	타타 80	
	탐사선 124	**ㅎ**
철도 선로 너비 133	탑차 70	
철판 코일 143	태양광 자동차 71	항공 모함 구조 108
철판 코일 열차 142	택시 72	하드톱 64
체펠린 114	탱크로리 74	하모니 CRH 380A형 전철 135
초전도식 자기 부상 열차 137	테슬라 81	하이브리드 자동차 76
최고급 수공 차 60	투르 드 프랑스 45	하이퍼루프 137
추진 장치 116	트라이림 84	항공 모함 108
치상 궤도 방식 142, 143	트랙터 75	해양 조사선 107
친환경 자동차 76	트램 134, 135, 138, 139	해치백 78
	트롤 어업 106	해피 자이인트호 94
ㅋ	트롤선 106	행글라이더 116
	TEU 100	헬리콥터 129
카고트럭 70	틸팅 열차 142	현대 80
카누 98		현수식 139
카약 98, 99	**ㅍ**	호위함 110
캠핑 트레일러 62		호화 요트 88
캠핑카 62	파나르-르바소르 20	혼다 80
컨버터블 64	파이썬 71	화객선 104
컨테이너 열차 140	파일럿호 91	휠 굴착기 28

모빌리티 분류표

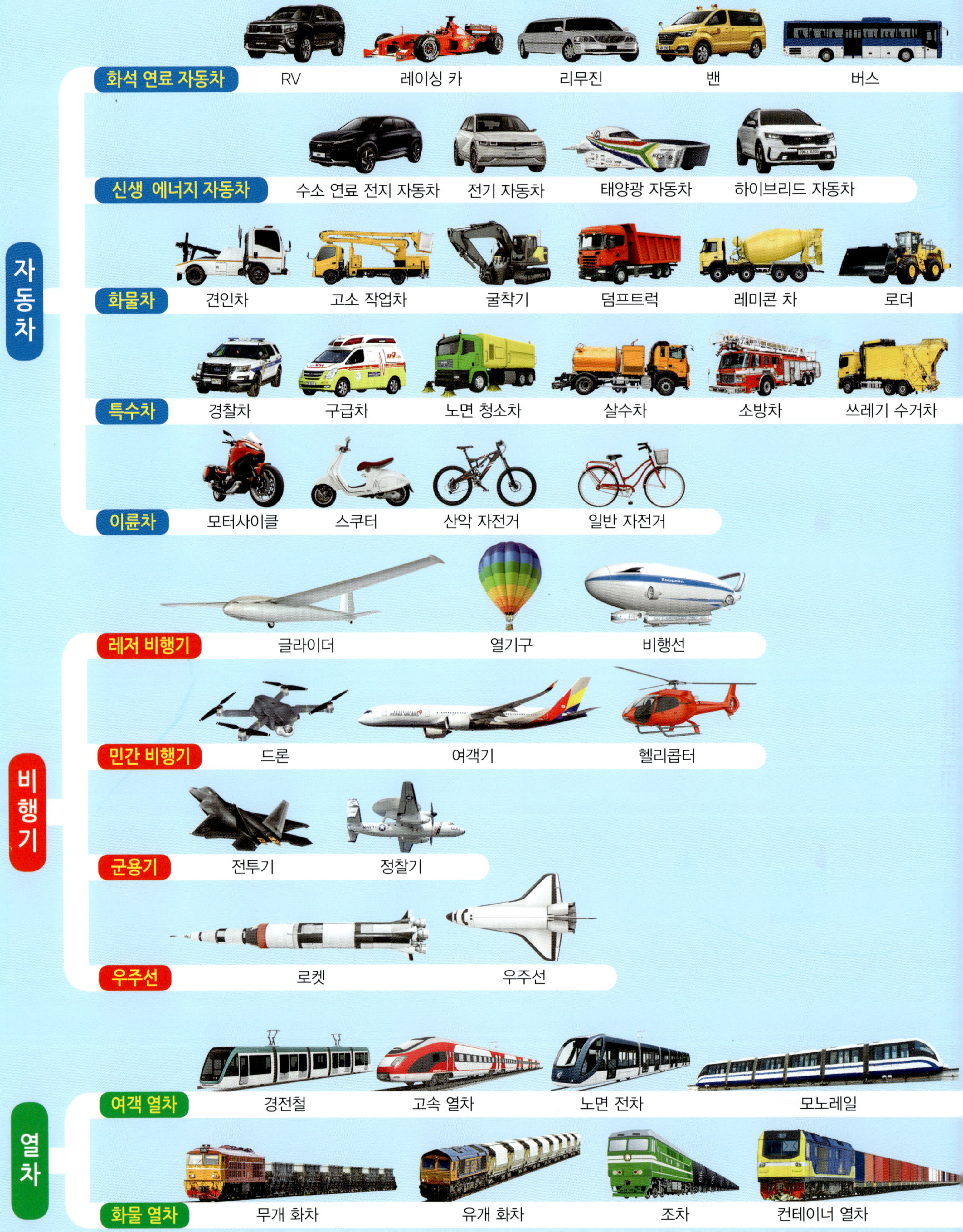

자동차

화석 연료 자동차: RV, 레이싱 카, 리무진, 밴, 버스

신생 에너지 자동차: 수소 연료 전지 자동차, 전기 자동차, 태양광 자동차, 하이브리드 자동차

화물차: 견인차, 고소 작업차, 굴착기, 덤프트럭, 레미콘 차, 로더

특수차: 경찰차, 구급차, 노면 청소차, 살수차, 소방차, 쓰레기 수거차

이륜차: 모터사이클, 스쿠터, 산악 자전거, 일반 자전거

 비행기

레저 비행기: 글라이더, 열기구, 비행선

민간 비행기: 드론, 여객기, 헬리콥터

군용기: 전투기, 정찰기

우주선: 로켓, 우주선

 열차

여객 열차: 경전철, 고속 열차, 노면 전차, 모노레일

화물 열차: 무개 화차, 유개 화차, 조차, 컨테이너 열차